당신의 세상은 불안하다

당신의 세상은 불안하다

일상을 깨뜨린 비극, 이름으로 톺아보기

선이정
지음

Prologue

당신의 세상은 불안하다

일요일 아침 7시, 내가 사는 건물 어딘가에서 불이 났다.

웬만한 사람은 자고 있을 시간이다. 당시 나는 취업 면접을 앞두고 있었고, 새벽까지 노트북을 붙잡고 있다 뒤늦게 까무룩 잠든 참이었다. 바깥이 수선스러워 잠에서 깬 동생은 곧 상황을 파악하고 "언니! 일어나! 불났어, 나가야 돼!" 하고 나를 깨웠다. 동생과 같이 살았기에 망정이지, 까딱하면 혼자 자다가 질식사할 뻔했다.

동생의 목소리를 듣고 눈을 번쩍 떴을 때. 정신이 없는 와중에 내가 가장 먼저 감각한 것은 파열음. 어디선가 유리가 깨지는 소리였다. 바깥에서 누군가가 집집마다 대문을 쿵쿵 두드리며 "나오세요!" 외치는 소리도 그제야 들렸다. 그가 경찰이었다는 이야기는 나중에 들었다.

방문을 여니 거실 등 아래 하얀 연기가 덩굴줄기처럼 스멀스멀 피어 있는 게 보였다. 갑자기 화재가 실감나면서, 겁이 덜컥 났다. 어떻게 해야 하지? 여기 그냥 있기도 무서운데, 나가기도 무서웠다. 불이 어디서 났는지 알 수가 없으니, 옥상과 바깥 중 어디로 가야 하는지도 몰랐기 때문이다. 일단 집이 2층이니까 아래로 빨리 내려가자는 결론을 내린 다음, 한 손에는 핸드폰 다른 손에는 젖은 수건 하나씩만 들고 현관문을 열었다. 그 순간 소름이 끼쳤다.

늘 보던 계단참이 있어야 할 자리에 까만 연기가 가득했다. 아무것도 보이지 않았다. 일상이 일상의 모습을 잃는 것, 그것이 공포였다.

연기를 헤치고 최대한 빨리 건물 밖으로 나왔다. 먼저 나온 이웃들이 웅성거리며 서 있었다. 잠옷 바람으로 서로 안부를 물었다. 그게 우리의 첫인사였다. 다행히 불이 크게 나진 않아 다들 조금 놀랐을 뿐, 크게 다친 사람 없이 모두 무사했다. 그러나 이건 정말 무사한 거였을까?

연락받고 달려오신 부모님 차를 타고 일단 고향 집으로 가는 길, 차창 밖 이팝나무가 왜 그리 하얗게 빛나던지. 라디오에서 흘러나오던 자우림의〈봄날은 간다〉, 그 노래가 왜 그리도 무심히 마음에 툭 떨어지던지. 살았다는 생각이 들자마자 왜 그런 것들이 유독 눈에 들어왔던 건지.

무척 고단했지만, 그날 밤은 잠이 오지 않았다. 눈을 감으면 눈꺼풀 아래 연기 피어오르는 모양이 하얗게 아른거렸고, 잠이 들어도 곧장 파열음이 나를 깨울 것만 같았다. 결국 불면의 이유를 한 단어로 요약하면 불안이었다. 이 불안은 꽤 오래 지속되었는데, 한 달이 지나서도 자다 말고 이웃집 공사 소리에 놀라서 벌떡 일어나는 동시에 방 밖으로 후다닥 뛰쳐나올 만큼 후유증이 남았다.

화재 당일 우리 건물은 뉴스에 났다. "오늘 오전 서울 어디에서 화재가 발생하여 주민들이 황급히 대피했습니다." 로 시작되는 내용으로. 비슷한 보도를 숱하게 보다 보니 건조하게 들던 문장이었는데, 그날 이후로는 그런 뉴스가 단조롭게 보이지만은 않았다.

* * *

    같은 지구에 산다고 해서 우리 모두 같은 세상에 살고 있다는 뜻은 아니다. 밟고 사는 기반이 어딘지에 따라 우리가 보는 세상은 전혀 딴판이 된다. 그러나 우리는 시시콜콜한 타인의 삶을 다 알기엔 너무 바쁘고, 내 세상에서는 보이지 않는 것들까지 들여다볼 여유가 없다.

    이 분주함은 현대 사회의 병폐가 아닐까. 우물에 독을 풀면 마을 사람들이 단체로 앓아눕듯, 우리 모두가 앓는 병. 시간 여유가 없는 물리적 상태만을 말하는 건 아니다. 시간이 있어도 산란한 마음, 가만히 쉬는 법을 잊은 마음, 멀거니 앉아있을 수 없는 마음, 그래서 반경 얼마간 바깥의 이야기에는 도무지 귀를 기울일 수 없는 마음 상태.

    우리 잘못이라는 건 아니다. 우리는 독이 풀린 우물 물을 마신 사람들처럼, 그저 이 시대를 호흡하며 살고 있을 뿐이므로. 그러나 언제까지 이렇게 앓아야 할까?

정말 괜찮을까? 물론 아무 생각 안 하고 그냥 살아가는 것만으로도 너무 벅차지만, 시험을 잘 보면 되니까 혹은 통장에 월급이 꼬박꼬박 들어오고 있으니까 괜찮아, 생각하기도 하지만… 정말 괜찮을까? 지금의 이 '괜찮음', 꾸역꾸역 찾아 헤매는 그 안정감은, 사실 정말 '감感'에 지나지 않는다. 그냥 나만 잘 지내면 될 것 같다고 안정감을 찾아 허우적거릴 때, 되새겨야 할 것이 있다.

당신의 세상은 불안하다. 당신의 세상을 이루는 그 '안정감'은 더없이 연약하여 언제 어떻게 깨져도 놀랍지 않다. 지금도 무수한 세상 곳곳에서 일어나고 있는 일이다. 당신은 아마 오늘 아침 뉴스에서도 그런 소식을 하나쯤은 들었을 것이다. 너무 잦아 웬만해선 뉴스에도 나지 않는 교통사고 소식은 그렇다 치더라도, 어디선가 일어난 화재나 홍수, 질병, 살인과 강간, 혐오와 범죄, 내전과 국제전… 같은 것들.

그 뉴스 당사자들 또한 얼마 전까지 당신과 별반 다르지 않게 생각했을 것이다. 내일도 오늘처럼 무탈하게 흘러갈 거라고, 그렇게.

그들에게 그런 내일은 없었다. 그들의 세상은 순식간에 몸피를 뒤틀었다. 그들은 뉴스 속의 누군가가, 익명의 누군가가 되어야 했다. 때로는 모자이크 처리된 얼굴로 울음을 토하거나 분노를 말했고, 때로는 그럴 시간조차 주어지지 않았다. 당신이 때로는 안타까워하고 때로는 분노하며 또 때로는 무관심하게 바라본 그 소식들을, 그들도 한때는 제삼자로서 먼발치서 바라보았을지 모른다.

당신이 그 사건 중심으로 끌려들어 가지 말란 법은 없다. 가능성은 누구에게나 열려 있다. 아무리 조심해도 피할 수 없는 일, 아무 잘못도 없는데 별안간 닥쳐오는 일의 가능성. 이것은 저주나 농락의 말이 아니라, 그냥 단순한 사실일 뿐이다. 그러나 이 사실을 당신은 잘 생각하지 않는다. 차라리 외면하는 게 마음 편하다.

그러다 보니 우리는 많은 순간 제삼자의 위치에서 적당한 거리감을 유지하고자 한다. 언제나 별처럼 빛나는 어떤 사람들을 제외하면, 보통 연대는 유사 경험을 가진 자들의 몫이었다. 아예 역방향을 택하는 사람도 있다. 무력을 내세우기만 하면 문제가 모조리 해결될 거라고 믿는 이들, 작은 차이를 이유로 사람을 쉽게도 죽이던 이들이 그랬다.

그 모든 시간, 당신은 제삼자의 거리를 안전하게 유지해 왔다. 모르겠다. 가끔은 몰래 제2, 제3의 가해자가 되었을지, 또 가끔은 누군가를 이해해 보려 애썼을지. 그러면서 당신의 세상은 조금씩 넓어져 갔지만 그래도 여태까지 무사했던 당신은 언제나 제삼자였다.

당신은 나다. 내가 당신이다. 애매한 자리에 서서 안정적인 척, 아무렇지 않은 척, 맛있다는 식당에 찾아가 한참을 줄 서고 친구와 잔을 부딪고 몇 마디 상투적인 위로를 건네고 그렇게 하루를 마치고 집으로 돌아가는, 평범한 오늘을 보낸 당신이 나다. 오늘도 수고했다고 생각하며, 이런 정도라면 그럭저럭 괜찮았다고 생각하며, 분주함 속에 마구잡이로 굴린 시간이나 이따금 치고 올라오는 공허한 감각을 무시한다.

그러나 정말 괜찮지 않다는 걸, 이제는 안다. 괜찮지 않은 일은 하루아침에 일어날 수 있음을 느꼈으니까. 불이 났던 날, 갑자기 집이 사라진다는 건 이런 기분이구나 느끼고 말았으니까. 그을음이 묻은 물건들을 정리하고, 자잘한 뒤처리까지 마친 다음, 가장 먼저 한 일은 긴급구호사업 후원 신청이었다. 내 자신의 복리후생에만 신경 쓰면서 살지 말자고 다짐했지만, 동시에 매번 인색한 나를 깨닫는다.

사실 인색하지 않은 사람이 되길 언감생심 꿈꾸지도 않는다. 사람은 쉽게 변하지 않으므로, 나는 또 내 삶에서 가장 적당한 것들을 찾아 안주하려 들 것이다. 다만 한 번씩 인색한 나를 깨닫는 순간이 계속 이어지기를 바랄 뿐이다. 매번 깨닫고, 깨달을 때마다 돌아볼 곳을 확보하여 둘 뿐이다. 이 글을 쓰는 것도 그 일환이었다. 이때마다 나는 내게 힘주어 말한다.

당신의 세상은, 불안하다.

목차

아시파 바노
Asifa Bano

70년 묵은 괴물이 저지른 살인

　　어느 날 인도 친구들의 SNS에서 낯선 해시태그를 보았다. #JusticeForAsifa, 아시파를 위해 정의를 부르짖는 해시태그가 타임라인에 가득했다. 아시파는 누구일까. 무슨 일이 있었기에 이토록 많은 사람들이 분노하는 걸까. 들여다보니, 낯선 이름이었지만 낯선 이야기는 아니었다.

　　아시파는 인도 북부 카슈미르 지역에 사는 여자아이'였'다. 카슈미르 지역은 히말라야 산줄기에 기대고 있어 풍광이 아름다운 지역이지만, 관광객이 방문하기는 쉽지 않다. 인도와 파키스탄이 이마를 맞댄 곳으로, 보통 '분쟁 지역'으로 표현되는 지역이다. 예전 힌두교와 이슬람교가 알력 다툼을 하다가 멈춘 경계선이라, 언제나 일촉즉발 상태라고 해도 과언이 아니다. 카슈미르 지역 안에는 현재 인도령, 파키스탄령, 상대적으로 적지만 중국령 땅까지 있다. 최근 많이 불거진 중국과 인도 사이의 영토 분쟁도 이 카슈미르 지역에서 일어난 것으로, 카슈미르라는 지명이 불안정의 대명사라 해도 과언이 아닐 정도다.

아시파는 인도령 잠무 카슈미르 지역에 산다. '카슈미르 분쟁지역'은 이슬람교도가 수적으로 우세하다고 알려졌지만, 그중에서 잠무 지역은 상대적으로 힌두교가 많다. 게다가 인도라는 국가 자체는 일부 지역을 제외하면 힌두교가 훨씬 강세를 보이는 나라다. 특히 2014년 인도국민당BJP 집권 이후 힌두교를 중심으로 뭉쳐야 한다는 극우파들이 득세하고 있다. 이 지역에서, 아시파는 이슬람교도, 그중에서도 유목민 가정에서 태어났다.

아시파의 집에서 30분은 걸어야 포장도로가 나올 만큼 외딴 곳에 살았다. 불안정한 지역, 불안정한 집안 환경. 집안 사정을 굳이 속속들이 들여다보지 않아도, 아직 8살이었던 아시파도 일손을 거드는 게 일상이었을 것은 분명하다.

아시파가 숲에 있던 말 떼를 데리러 나선 어느 날. 말들은 집으로 돌아왔지만, 아시파는 싸늘한 시신이 될 때까지 돌아오지 못했다. 2018년 1월 10일, 새해의 기쁨이 가시기도 전이었다. 불안해진 어머니는 남편에게 아이가 보이지 않는다고 말했다. 아버지는 이웃들과 같이 아이를 찾아 나섰다. 랜턴과 도끼를 들고 밤새도록 숲을 뒤졌지만 아시파를 찾지 못했다.

이틀이 지나 12일. 경찰에 신고했지만 경찰은 시큰둥했다. 어떤 경찰은 아시파가 남자랑 도망간 거 아니겠냐며 이죽거렸다. 이 소식을 들은 유목민들은 즉각 도로를 점거하고 시위를 벌였다. 이들은 지체해서는 안 된다는 걸 잘 알고 있었다. 이런 발 빠른 예감은 하루아침에 생기는 게 아니다. 카슈미르 주민으로서, 유목민으로서, 주변의 적대감 속에 소수자로서 살아온 이들에게는 피부로 체득한 감각이 있었다. 결국 연신 건성이었던 경찰 두 명이 떠밀리듯 수색에 나섰다.

실종 5일 차. 아시파의 시신이 발견되었다. 누가 봐도 자연사는 아니었다. 다리는 부러졌고 팔에 멍울이 가득했다. 죽기 직전까지 아이의 몸에 위해를 가한 흔적이 가득했다. 어머니에게는 다시 떠올리고 싶지 않은 모습이겠지만, 그는 언론 앞에서 아시파의 시신 상태를 문장으로 엮어 이야기했다. 그래야만 했다.

시신이 발견되고도 11일이 지나서야 조사팀이 꾸려졌다. 조사 팀이 밝힌 사건 경위는 참담했다. 범인들은 무슬림이었던 아시파를 힌두교 사당으로 납치해 갔다. 아이에게 약을 먹여 의식을 잃게 만들고, 며칠 동안 강간하고 상해를 입혔다. 직접적 사인은 목을 조른 것이었지만, 사망을 "확실히" 하기 위해 돌로 머리를 내려친 자국도 발견되었다.

범인의 정체는 더 끔찍했다. 주동자는 힌두교 사제였다. 체포된 사람은 총 여덟 명이었는데 주동자의 친구와 아들, 조카까지 죄 엮여 있었다. 심지어 조카는 미성년자였다. 사건 초기 유목민들의 시위에 등을 떠밀려 수색을 시작했던 경찰관 중 한 명도 가해자라서 더욱 소름 끼친다. 이들은 모두 "인도 사람은 모두 힌두교여야 한다"는 힌두교 극단주의자들이다. 사건 당시 여당 인도국민당BJP과도 궤를 같이하는 색깔이다.

수사 과정은 축소와 은폐 그 자체였지만, 그럴수록 사건은 커졌다. 오히려 힌두교 극단주의자들이 불씨를 댕긴 셈이었다. 인도국민당 소속 정치인들은 피의자 지지 집회에 나섰고, 나렌드라 모디 수상의 발언도 구설수에 올랐다. 2012년 델리의 버스에서 대학생이 윤간당했을 때 "국민회의당이 델리를 '강간의 수도'로 만들었다"고 당시 여당을 꾸짖었으면서, 본인이 집권당에 있는 상황에서는 "강간을 정치와 연결 짓지 말라"고 선을 그은 것이다. 한술 더 떠서 "국민회의당에 묻고 싶다. 다른 지역에서 불가촉천민 아이가 강간당할 때는 왜 촛불을 들지 않는가?"하고 따져 묻기까지 했다.

제 식구 챙기기 급급한 모습에 사람들은 분노했다. 4월쯤 되었을 때 이 사건 소식은 인도 전역에 퍼졌다. 연예인이나 스포츠 선수 같은 유명인들도 침묵하지 않고 함께 목소리를 냈다.

> "여성에게 정의로운 세상을 원한다면 이번 사건 가해자들과 그 옹호자들을 규탄하는 목소리를 내야 합니다."
>
> (자베드 악타르Javed Akhtar, 시인)
>
>
> "약에 취하고, 납치당하고, 며칠 동안 윤간당하고 살해된 8살 아이가 어떤 마음이었을지 생각해 보세요. 아이가 느꼈을 공포를 모른다면 인간도 아닙니다. 아시파를 위해 정의가 실현되어야 한다고 생각하지 않는다면, 당신을 어디에 속한 존재라고 할 수 있을까요."
>
> (파르한 악타르Farhan Akhtar, 영화감독)

아시파 바노
Asifa Bano

> "어린이는 카스트, 피부색, 종교와 상관없이 사랑받아 마땅합니다. 강간범은 카스트, 피부색, 종교와 상관없이 처벌받아 마땅하고요."
>
> (아유슈만 쿠라나Ayushmann Khurrana, 배우)

> "8살짜리 아시파가 겪은 공포를 생각하면 너무나 마음이 아프고 차마 할 말이 없습니다. 인간성을 살해한 거예요. 정의가 이루어져야 합니다."
>
> (비렌더 세와그Virender Sehwag, 크리켓 선수)

#JusticeforAsifa라는 해시태그로 온라인이 들썩거렸다. 그러나 들여다보면 이는 아시파라는 한 사람의 이름에 대한 이야기가 아니다. 작은 아이를 짓밟은 이 사건은, 인도와 파키스탄이 성립된 이래 계속된 종교 분쟁 잔혹사의 다른 이름이다.

* * *

인도의 독립기념일은 우리나라 광복절과 같은 8월 15일이다. 시기도 1940년대로 비슷하다. 그러나 그 전까지의 양상은 사뭇 다르다. 이후 분단되었으나 이전까지는 당연히 한 나라였던 우리와 달리, 인도는 식민지배 전까지 사실상 한 나라가 아니었다. 토후국이라 불린 수많은 도시국가가 각각 다른 왕의 통치 아래, 다른 언어를 사용하고 있었다. 그러다 동인도 회사를 업고 영국이 들어온 후 여러 사건을 겪으며 무굴 제국이 멸망하고, 인도 제국이 된 것이다. 영국의 지배를 인정하고 받아들인 왕도 있었고, 끝까지 싸운 왕도 있었다. 이들이 서로를 아주 남이라고 여긴 것은 아니지만, 우리가 생각하는 근대 국가를 기준으로 한다면 인도는 하나가 아니었다.

지금도 주별로 언어가 다를 정도이니, 당시에 하나의 인도로 독립국을 이루는 일이 쉬웠을 리 없다. "이제 어떤 나라를 이루어 갈 것인가?"라는 질문에 각기 다른 답변들이 나왔고, 혼란은 순식간에 커졌다. 그러나 그 당시의 인도를 표현하기에 혼란이란 단어는 너무 조용해 적절치 않다. 그만큼 첨예하고 잔인한 세력 다툼이 이어졌다.

도시국가별로 독립 이후에 대한 관점이 달랐지만, 여기서 가장 크게 부각된 차이는 종교였다. 힌두교와 이슬람교 외에도 시크교, 불교, 기독교, 파시교 등 다양한 종교가 공존하는 인도에서 대체 왜 종교가 첨예한 갈등 기준이 되었나? 종교 이면에는 지배 권력에 대한 갈등이 있었고, 그 뒤에는 갈등을 조장한 영국의 영향도 있었다.

갈등은 눈덩이처럼 커졌다. 차이가 차별이 되었다. 피는 피를 부르고 복수는 복수로 이어졌다. 어제까지 이웃이었던 이들이 종교를 놓고 갈라서서 서로 죽이는 참상이 시작되었다. 살인과 방화가 곳곳에서, 상상할 수 있는 가장 끔찍한 방법으로 일어났다. 사람들은 목숨을 부지하기 위해 개종하거나 피난길에 올랐다. 힌두 극단주의자들 눈에 차지 않던 마하트마 간디는 힌두교도였음에도 암살당했다. 수많은 사람이 비극을 맞은 끝에 인도와 파키스탄은 분립을 선언한다. 양쪽의 지배층은 종교를 구심점으로 서로에게서 빠르게 멀어져 간다.

대결 구도가 점차 더 심해지는 복잡한 상황에서, 식민 통치가 끝난다. 계속된 세계 대전으로 가뜩이나 영국은 여력이 없었는데, 인도 내 반영 정서가 갈수록 심해지면서 영국 입장에서는 '부담'이 커졌다. 결정적으로 영국에서도 정권이 교체되면서 식민 통치를 종료하기로 한 것이다. 영국은 "빠른 철수"를 결정했고, 도시국가들은 지배층의 종교와 지리적 위치에 따라 인도와 파키스탄 중 하나를 선택하라는 명을 받았다.

예컨대 인도 중남부의 하이데라바드는 서양에 알려질 만큼 부유한 이슬람 왕의 지배를 받는 지역으로, 오늘날에도 손꼽히는 규모의 도시이다. 1차 세계 대전에 참전할 만큼 국제 무대에 관심이 있었고 복지에도 신경을 쓸 만큼 상당한 지배력이 있었던 왕이다 보니, 처음에는 인도 편입을 거부했다. 그러나 인도 내륙에 있는 국가가 파키스탄이 될 수는 없으니, 결국 다수의 피지배층이 힌두교도였던 점에서 논의를 시작해 인도에 편입되었다. 종교로 나뉘었다고는 하나, 사실상 인도와 파키스탄은 지역에 따라 결정되는 것처럼 보였다.

카슈미르는 하이데라바드와 달리, 지역적으로 인도에도 파키스탄에도 속할 수 있는 위치에 있었다. 지독한 학살의 판국을 풀어가야 했고, 그러려면 국경선 확정도 시급했지만, 철수에 집중하고 있던 영국에게는 카슈미르 지역 상황이 시야 바깥의 문제였다. 게다가 지배층과 피지배층의 종교가 일치하지 않는다는 점에서, 다른 나라와 연결될 수 있는 경계 지역이라는 점에서, 여러 사유로 인도와 파키스탄 둘 다 카슈미르 지역을 포기할 마음이 없었다. 결국 카슈미르는 국경선을 확정하지 못한 채 '분쟁지역'이라는 이름으로 오늘까지 내려왔다.

양상을 달리할 뿐 종교를 내세운 분쟁은 오늘까지도 계속되고 있다. 지배층은 분쟁으로 지지층을 다지고, 결속이라는 미명하에 타인을 사지로 몰았다. 해묵은 방법이지만, 외부를 적으로 만드는 일만큼 내부를 단순하게 만드는 법도 없으니까. 카슈미르를 둘러싼 반목에는 이렇게 70년 동안 피를 먹고 자란 괴물이 도사리고 있었다.

* * *

아시파 사건에도 이 피가 축축하게 배어 있다. 경찰관들까지 가담해 범죄를 일으킨 것은 단순히 이들이 인두겁을 쓴 악마여서 그런 게 아니다. 이들은 70년 동안 웃자란 거짓을 먹고 살았다. 그래서 무슬림 유목민들이 이 지역을 떠나게 하려고 일부러 이런 짓을 저질렀다는 해석이 지배적이다. 일종의 테러, 약자를 향한 혐오 범죄라는 거다.

그도 그럴 것이 무슬림 유목민들은 오랫동안 인근 주민들에게 눈엣가시였다. 잠무 지역 주민 대다수가 힌두교도라 종교도 다르고, 유목민들이 돌아다니며 물과 숲을 제 것처럼 쓴다는 게 주민들의 불만이었다. 실제로 피의자 변호인단이 "무슬림 유목민들은 우리의 숲과 수자원을 침해하고 있"다고 발언한 점도 이런 해석에 무게를 실어준다. 이 말에는 종교 분쟁의 핵심 이유가 노골적으로 드러난다. 종교

뒤에는 정치가, 정치 뒤에는 돈이 있다.

그래서 힌두 극단주의자들은 아시파의 마지막까지도 곱게 보내주지 않았다. 유가족은 부족 장지로 사둔 땅에 아시파를 묻어주고자 했지만, 먼저 도착해서 버티고 있던 힌두교도들 때문에 그럴 수가 없었다. 이들은 무력을 행사하겠다고 협박했고, 끝내 유가족은 그 땅에 아시파를 묻지 못했다. 아시파뿐 아니라 그들도 집을 두고 떠나야 했다. 그들 또한 살해 위협을 받고 있었다.

지금도 카슈미르에 살고 있는 무슬림 유목민들, 인도 구석구석의 또 다른 부족민들은 이날 이후로 은근한 공포를 어깨에 얹고 살 것이다. 알게 모르게 아이들 동선을 한 번씩 더 확인하고, 일상에서 숨을 죽일 것이다. 가해자들이 노린 게 바로 이것이다. 종교적으로 소수이고 카스트로 보면 더 낮은 사람들, 그들이 만만하게 보는 사람들에게 날리는 경고장이었다. 아시파의 죽음은 아시파만의 죽음이 아니다.

유가족은 법정 싸움을 계속해야 했다. 우여곡절 끝에 2019년 6월 판결이 났다. 3명은 종신형, 3명은 증거 인멸로 5년 형, 1명은 무죄 판결을 받았다. 그리고 2019년 인도국민당은 또 한 번 총선에 승리했다. 인도의 '힌두 국민주의'는 더욱 강해지고 있다. 이따금 바람결에 흉흉한 소문이 들려온다.

아시파 바노
Asifa Bano

과연 #JusticeforAsifa, 아시파를 위한 정의는 이루어졌을까? 8살 어린아이를 집어삼킨 70년 묵은 괴물과 그 하수인을 자처하는 범죄자들이 처단되고, 다시는 누구도 감히 그런 짓을 벌일 엄두를 못 낼 때, 그 순간을 우리는 정의라 부를 것이다.

*삽입된 이미지는 글 속의 사건, 인물과 무관합니다.

아시파 바노
Asifa Bano

김희윤
金喜胤

시가 되어 묻힌 아들

김희윤이라는 이름은 낯설다. 당연하다. 그는 살아생전 어떤 업적도 남긴 적이 없으므로. 그 이름이 오늘날까지 남아 있는 이유는 아이러니하게도 그의 생이 아니라 죽음 때문이다. 조선의 여느 양반 집 자손들처럼 그도 축복받으며 태어나 자랐겠지만, 결국 죽음으로만 이름을 남겼다. 그 죽음을 새겨 오늘까지 전해준 것은 그의 어머니였다. 당대 최고의 문인이었던 허초희다. 여성 이름을 잘 부르지 않는 당대 예절로 인해 우리에겐 허난설헌으로 알려진 사람이다.

난설헌 허초희의 생애를 들으면 누구나 그 인생에 닥친 비극을 한탄할 것이다. 허난설헌의 아버지 허엽은 서경덕 문하에서 공부한 동인이었는데, 동인 중에서도 손꼽히는 인물이었다. 본인의 글재주가 빼어남은 물론이고 네 자녀 허성, 허봉, 허초희, 허균 모두 글재주가 좋았다. 이들을 5문장이라 불렀다는데, 지금도 생가 터에는 시비 다섯 개가 나란히 서 있다. 당대에도 영향력 있는 인물이었지만, 허엽의 호 "초당"이 순두부 앞에 붙어 있는 걸 보면 생각보다 우리 일상에도 가까운 인물이다.

허엽은 집안 모두에게 글을 가르쳤다. 딸 허초희도 예외는 아니었다. 한시에 능했던 이달을 스승으로 두었다. 이달은 서얼, 첩의 자식이었다. 양반이 아니더라도 양인이기만 하면 법적으로는 모두 과거 시험에 응시할 수 있었으나, 첩의 자식은 양반의 자식이어도 응시가 불가능했다. 시간이 흐르면서 이러한 제한이 점차 완화되었다고는 하나, 사회 전반적으로 어중간한 취급을 받은 사실은 달라지지 않았다. 서얼 차별이 법적으로 철폐된 것은 이달이 사망한 후로도 300년 가까운 시간이 흐른 후에나 일어날 일이니까.

이달은 어디에도 속하지 않고 평생 부평초처럼 떠다녔다. 자유분방한 가풍과 스승 아래서, '반反'을 허하지 않는 사회에 들어맞지 않는 인물들이 자라났다. 막내 허균이 〈홍길동전〉으로 유토피아를 꿈꾼 것만 봐도 여간한 이들은 아니다.

김희윤
金喜胤

이들은 모두 비극적인 최후를 맞았다. 율곡 이이를 탄핵하다 유배 길에 오른 허봉이나 왜란 중에 사망한 허엽까지야 그렇다 치더라도, 진위야 어떻든 역적 이름이 붙어 능지처참으로 사망한 허균을 생각하면 참담하다. 1년 앞서 시집에서 세상을 뜬 허초희 이야기까지 듣고 나면, 집안에 무슨 마라도 꼈나 싶다.

허초희는 8살 때 지은 시로 신동 소리를 들었다. 그의 시는 중국까지 흘러가 여러 사람 입에 오르내리며 사랑받았다 한다. 특히 유선시遊仙詩로 유명했다. 신선이 노니는 도교적 세상이 얼마나 환상적인지, 그의 시를 읽다 보면 허초희의 마음이 궁금해진다. 그 안에 얼마나 많은 색채가 펼쳐졌을까. 얼마나 자유로운 동물들이 뛰놀며, 얼마나 아름다운 선녀들이 세상을 주사위판 삼아 노닐었을까.

그러나 넓고 푸른 상상력은 곧 힘을 잃었다. 유선시를 쓰던 사람이 불과 몇 년 후 규원가閨怨歌를 쓰고 있다. 신선 세계를 노래하며 구슬 같은 시를 짓던 이가 "버들잎 돋는 계절 아름다운 경치를 보아도 아무 생각이 없다"라고 한탄하기까지, 허초희에게 무슨 일이 있었을까.

정확한 사정은 당사자들만 알겠지만, 후대에 조각조각 남은 이야기만 들어도 시집살이가 녹록지 않았던 것 같다. 남편 김성립은 본인보다 글재주가 뛰어난 아내를 잘 받아들이지 못한 것으로 추측된다.

〈규원가〉에는 기방에 기생이 새로 왔다고 호사스러운 옷차림으로 나가는 남편 모습이 그려진다. 김성립뿐 아니라 시집 식구 전체가 허초희를 고이 받아들이지 않은 것 같다. 남편 비판조차 시를 써서 해내는 "잘난" 여자는 시어머니에게 눈엣가시였고, 김성립은 이 관계에 아무 도움이 되지 않았다.

　재능과 시상을 마음껏 펼칠 수 있던, 자유롭고 행복했던 친정이 얼마나 그리웠을까. 그리움은 곧 우울한 시름이 되었다. 아버지의 부고는 허초희의 어딘가를 무너뜨렸다. 거기다 자식들마저 병으로 앞세우고 나면, 허초희의 세계는 날이 갈수록 서글퍼진다. 애기무덤 둘을 나란히 앞에 두고 시를 쓰는 심정이란 어떤 것이었을까.

(중략)

사시나무 가지엔 쓸쓸한 바람

도깨비불 무덤에 아른거리네

소지 올려 너희들 넋을 부르며

무덤에 냉수를 부어놓는다

알고말고 너희 넋이야

밤이면 서로서로 어울려 놀 테지

김희윤
金喜胤

아무리 아해를 가졌다 한들

이 또한 잘 자라길 바라겠는가

부질없는 말 읊조리면서

애끓는 피눈물에 목이 멘다

할 말을 잃게 하는 시다. "아무리 아해를 가졌다 한들/이 또한 잘 자라길 바라겠는가"라는 시구가 자기실현적 예언이 되어버렸는지, 실제로 뱃속 아기까지 사산하고 만다. 줄줄이 이어지는 친정 식구들의 불행한 소식을 듣던 와중이었다.

날로 괴로워지는 속세가 아닌, 어딘가 별천지를 배경으로 계속 시를 쓰던 어느 날. 허난설헌은 유언 같은 시 한 자락을 남겨두고 세상을 뜬다. 스물일곱. 아직 젊은 나이였다.

碧海浸瑤海

푸른 바닷물이 구슬 바다에 스며들고

靑鸞倚彩鸞

푸른 난새는 채색 난새에게 기대었구나

芙蓉三九朶

부용꽃 스물일곱 송이가 붉게 떨어지니

紅墮月霜寒

달빛 서리 위에서 차갑기만 해라

왜 하필 부용꽃 스물일곱 송이가 떨어졌을까? 동생 허균은 누나가 죽음을 예견하고 남긴 시라고 생각했다. 정확한 이유는 본인만 알겠지만 정말 "달빛 서리 위에서 차갑기만" 한 죽음이었다. 그나마 허균보다 앞서는 바람에 동생이 능지처참당하는 꼴만은 보지 않았다는 게, 허균이 허초희의 시를 묶어 문집으로 만들 수 있었다는 게, 그렇게 조선 최초로 여성이 쓴 문집이 여기까지 전해졌다는 게 유일한 위안이라면 위안이랄까.

조선에서 감히 꿀 수 없는 꿈을 꾸었던 허 씨 집안은 우리에게 그렇게 책 몇 권만 남겨두었다. 이들은 모두 귀양 가고 객사하고 요절하였다. 짧고 불꽃 같은 생애들이 그렇게 으스러졌다.

김희윤은 그런 세상에 나고 자랐다. 짧은 생애 동안 그가 본 세계는 과연 유쾌한 곳이었을까? 갈등과 긴장이 지척에 도사리고 있는 세상, 가까운 이들은 떠나고 남은 이들은 무너지는 아픔이 숱하게 찾아오는 세상.

기쁠 희, 자손 윤. 분명 한 집안을 꽉 채울 만큼 큰 기쁨을 가져다주
는 아이였을 텐데, 그 기쁨은 채 피어 보지도 못하고 졌다. 아이가 일
찍 세상을 뜬 건 인력으로 어쩔 수 없는 일이지만, 그 짧은 생애를 메
웠을 분위기에는 어른들의 할 몫이 있었다. 어머니를 행복하게 해 주
지 않는 아버지, 오히려 어머니를 찍어 누르는 할머니, 할머니와 어머
니의 갈등으로 치부해 두고 관계에서 물러나 있는 아버지, 그리고 할
머니와 아버지가 그렇게 행동하게끔 짜여 있었던 사회 구조. 어른들
이 기쁘지 못한 세상에서 자손이 기쁠 수는 없다.

희윤보다 한 해 앞서 세상을 뜬 허초희의 딸은 이름조차 전해지지
않는다. 희윤이라는 이름을 더듬어 그가 환한 기대를 가득 받는 아들
이었을 생전의 시간을 상상할 수 있지만, 이름조차 전해지지 않는 여
자아이의 세상은 그려보기도 어렵다. 그저 희윤의 세상보다 더 잿빛
이었으리라는 막연한 정도.

희윤의 비극이 우리와 무관하면 좋겠지만, 불행히도 그렇지 않은
것 같다. 이러한 일이 단지 과거지사일 뿐이라면 우리에겐 '경단녀' 같
은 단어가 없었을 테니까. 워킹맘이 되면 아이의 안정적 애착 형성에
안 좋다든지, 일터에 민폐라든지, 다양한 방향으로 근거 없는 손가락
질을 하고, 그렇다고 전업주부로 육아와 가사를 전담하면 정말 '아무

일도 안 하는' 사람 취급을 하면서 대수롭지 않은 일에도 "맘충" 소리를 해댄다. 여성이 배우자보다 사회적으로 인정받으면 "남편 기죽인다"라고 수군거리고, 반대로 남성이 배우자보다 사회적으로 더 인정받는 경우에는 여성에게 내조 잘 하느냐고 검열한다. 모순되고 비뚤어진 시선이 얼마나 많은지 실감한다.

이건 단지 느낌이기만 할까? 공신력 있는 지표들을 보자. 국제적으로 성평등을 나타내는 지수는 여러 가지가 있다. 각 나라의 성평등 상황은 개별지수만 가지고 이야기하기엔 매우 복잡한 배경을 품고 있으므로, 이 지수들을 종합하여 판단해야 한다. 여성가족부는 2018년 홈페이지에 게시한 글에서 다음과 같이 여러 지수를 설명했다.

> 성불평등지수GII는 생식 권한, 여성 권한, 노동 참여 등 인간개발의 기본적인 요건에서 발생하는 성불평등으로 인한 인간개발의 손실을 측정하여 발표하는 지수임
> 성개발지수GDI(UNDP 발표)는 '인간개발지수HDI'를 성별로 구분하여 남녀의 성취 수준을 성비로 측정하여 발표하는 지수임
> 한편, 세계경제포럼WEF에서 발표하는 성격차지수GGI는 여성의 지위 및 권한 수준Level 아닌 분야별 성별 격차Gap를 지표화

김희윤
金喜胤

하여 성평등 수준을 측정하는 지수임

우리나라는 유엔개발계획UNDP에서 발표한 성불평등지수GII
는 10위권인 반면, 성개발지수GDI와 성격차지수GGI는 낮은 수
준으로 나타나고 있음

다시 말해, 우리나라 여성 삶의 지표를 국제적으로 보면 비교적 나
쁘지 않은 편이다. 모성 사망 비율과 청소년 출산율도 낮으며, 중등학
교 이상 교육 비율과 경제 활동 참가율은 높다. 의료 인프라가 갖추어
진 나라, 청소년이 조혼과 십 대 임신보다는 교육에 참여하도록 권장
하는 나라, 많은 여성이 사회 진출을 할 수 있는 나라니까.

임신 기간 동안 기초 검진을 받지 못하는 여성이 대다수인 나라,
영아 혹은 산모 사망률이 높은 나라, 청소년기에 조혼 혹은 십대 임신
을 할 경우 학교로 돌아갈 수 없도록 법으로 정해 놓은 나라, 여성의
경제 활동이 제약받는 나라에 비하면 분명 우리 나라 여성들은 상대
적으로 좋은 환경에 살고 있다.

그러나 우리 나라의 주요 문제는 성별 간의 격차에 있다. 성개발지
수를 구성하는 요소 중 출생 시 기대 수명, 평균 교육 연수, 기대 교육
연수가 상당히 좋은 편임에도 불구하고, 남녀 소득 수준 격차가 너무

커서 그 하나만으로 우리나라의 성개발지수는 쭉 떨어진다.

대놓고 성별 간의 격차를 바라보는 성격차지수는 더욱 심각하다. 성격차지수는 각 나라의 경제/사회적 기준을 반영하지 않고, 오직 국가 내에서 남녀 격차만을 따진다. 참여와 기회, 교육적 성취, 건강과 생존, 정치적 기회 분야를 보고 매년 산출한다. 2022년 기준 한국은 99위이다. 1~3위는 순서대로 아이슬란드, 핀란드, 노르웨이로 대체로 북유럽 국가들이 상위권에 포진하고 있다. 참고로 십 대가 임신하거나 조혼하면 학교에서 퇴학당하는 것을 법으로 정하고 있는 탄자니아는 64위이고, 월경 중인 여성을 헛간으로 몰아넣는 네팔이 96위이다.

이 숫자들은 유엔개발계획UNDP과 세계경제포럼WEF에서 발표하는 공식적인 지표이고, 우리 사회에서 어떻게 하면 더 잘 공생할 수 있을지 고민할 시작점으로 삼아야 할 소중한 자료이다. 그러나 이 객관적인 숫자를 말하는 것만으로도 '젠더 갈등 조장' 딱지를 붙이는 사람들이 있다. 존재하는 갈등을 말하는 것은 갈등의 조장이 아니라, 갈등의 해설이고 나아가 갈등 해결의 실마리일 텐데.

난설헌 허초희가 100명 있었다 한들 모두 다 살아남을 수는 없었을 것만 같은 사회에서, 여전히 많은 여성이 허덕이며 산다. 그 모든 역할에 최선을 다하고서도 어쩐지 무언가 놓친 것 같은 죄책감을 호소하는 사람들이 많다. 이것만으로도 슬픈 이야기지만, 이는 연쇄적인 아픔이다. 100명의 허초희가 이유 없는 비난과 괴이한 혐오 발언들을 듣고 있다면, 그 아래 태어났을 희윤 남매들이 과연 행복하게 자랄 수 있을까? 결국 이건 모두의 아픔이다. 그걸 모르는 멍청이들만이 남 일 보듯 할 뿐.

슬프지만 그런 멍청이가 너무 많아, 우리는 적당히 넘기고 여전히 버티며 살고 있다. 그럴 때 먼저 넘어지는 건 언제나 약한 쪽이다. 김성립은 살아남았지만, 허초희, 김희윤 그리고 이름도 기록되지 못한 작은 아이는 살아남지 못했다. 김성립이라는 개인은 그 후에 다른 선택지를 가질 수 있었다. 재혼하거나 제 생을 꾸려 가는 게 어렵지 않았을 것이고, 실제로 재혼과 과거 급제로 다른 삶을 꾸려 갔다. 그러나 이 흐름이 반복되다 보면 결국 김성립 또한 도태되고 말 것이다. 지금 우리 사회에 100명의 허초희가 있었다면 과연 100명의 김성립은 어떤 모습으로 살고 있을지 모르겠다. 조선시대 김성립과는 이미 다른 양상일 것이다.

김성립 한 사람과 허초희 한 사람, 김희윤 한 사람과 또 하나의 작은 아이가 행복해질 때 이 굴레는 깨질 것이다. 더 이상의 희윤이 죽지 않도록, 더 이상 이름이 기록되지 못하는 아이가 없도록, 더 이상 허초희가 절망으로 말라가지 않도록, 멈춰야 한다. 식물의 상생은 모두에게 같은 양의 물을 주는 것이 아니라 식물의 상태에 맞게 물을 주는 것이다. 인간의 상생 또한 다른 것이 아니다. 잘못된 굴레를 깨고 희윤을 구하는 것이다.

김희윤
金喜胤

아일란 쿠르디
Aylan Kurdi

끝 모르는 악몽

       눈 마주치는 순간 박혀 들어 잊히지 않는 사진들이 있다. 그중에서도 나 혼자만의 기억보다는 집단 기억으로 남는 사진들이 있다. 독수리 앞에 몸을 웅크린 작은 아이 뒷모습이 그랬던 것처럼. 2015년의 사진 한 장도 그렇게 모두에게 깊이 남았다.

       해변에 축 늘어져 있는 작은 아이의 사진이었다. 빨간 티셔츠와 남색 바지, 고무로 밑창을 댄 신발. 금방이라도 일어나서 모래를 툭툭 털고 환하게 웃을 것만 같은 평범한 아이의 모습이었다. 단지 이미 숨을 거두어, 다시는 일어날 수 없을 뿐.

       아이도 한때는 살아 숨 쉬며 부모님 품에 안겨 있었다. 아마도 아일란이라고 이름을 부르면 햇살 같은 웃음을 터뜨리고, 온 집안 분위기를 맑게 만드는 아이였을 것이다. 어느 나라든지 비슷한 그런 풍경에서 어른들은 아이를 길러내고, 그 아이는 어른이 된다. 그렇게 전통은 한 겹 더해지고, 개인과 국가는 명맥을 이어간다.

그러나 아이는 어른이 되지 못했다. 고작 3살 나이로 세상을 떠나 해변에서 발견됐다. 출발할 때만 해도 아일란의 부모가 두 아이를 꼭 안고 떠난 길이었다. 안전한 곳을 찾아 브로커에게 적지 않은 돈을 쥐여주었지만, 안전벨트도 구명조끼도 없는 여정. 마치 그들의 불안정한 상태를 대변하는 것만 같은 여정이었다. 살아남은 사람은 아일란의 아버지 한 사람뿐이고, 바다가 삼킨 수많은 시체 중 아일란의 작은 몸이 해변에 쓸려왔다.

그 사진 한 장이 유럽은 물론 미주, 아시아를 덮고 한국까지 파도치게 만들었지만, 그것도 잠시뿐이었다. 시리아 내전이라는 단어는 이제 더 이상 대중의 시선을 끌지도 못한다. 분명 심각한 문제라는 느낌이 어딘가 희미하게 떠오르지만, 너무 많이 들어서 이제 피부에 소름이 돋지도 않고 별생각이 나지도 않는 그런 단어가 되어 버렸다. 지리적으로나 심적으로나 너무 먼 나라인 데다가, 내전이란 말 뒤에 있는 것들은 잘 보이지 않았다. 그렇게 우리는 말에 무뎌지고 있다.

*　*　*

    언어 뒤에 숨어있는 것들을 보자. 시리아 내전 이전에 아랍의 봄이 있었다. 중동과 북아프리카 곳곳에서 벌 떼 같은 움직임이 일었다. 군사 독재와 부패 정권에 대한 분노가 시민 저항으로 이어졌고, 봄기운처럼 사방으로 퍼졌다. 그러나 변덕스러운 봄 날씨는 언제 어떻게 몸을 뒤틀지 알 수 없다. 하필 시리아에서는 그중에서도 내전이라는 최악의 시나리오가 펼쳐졌다.

    중동에서 일어나는 대부분의 일이 그렇듯, 아니 어디서든 인생이 으레 그렇듯, 시리아 내전 또한 한두 가지 이유로만 일어난 것은 아니다. 개인과 단체들 사이, 나라와 나라 사이에 이미 오래오래 쌓여 온 것들이 있었다. 넓게는 이슬람 종파 간 갈등에서 비교적 좁게는 정치적 입장 차이까지, 많은 것들이 때로는 함박눈처럼 때로는 먼지처럼 오래오래 쌓여 왔다.

    그래도 일단 표면에 떠오른 시작점을 잡아 보자면, 알아사드 대통령이 있다. 1970년대부터 2000년대까지 대통령으로 있던 하페즈 알아사드가 아들 바샤르 알아사드에게 대통령 직을 세습한 것이다. 왕도 아니고 대통령인데 세습이라니 상당히 이상하지만, 시리아에서는

아일란 쿠르디
Aylan Kurdi

현실이었다. 게다가 이들의 집권 여당 또한 쿠데타로 권력을 쟁탈한 역사가 있었다.

민주주의의 포인트 중에서 권력의 분립을 빼놓을 수 없다. 인간은 스스로에게 너그러워질 수도 있고, 느슨해질 수도 있기에, 권력을 분리하여 우리는 서로에게서 서로를, 그렇게 우리를 지킨다. 이게 이루어지지 않고 있다면, 권력이 고인 자리 아래 누군가의 불만도 탑재된다는 뜻이다.

아랍의 봄에 불어온 바람을 타고, 오랜 독재 체제의 타파를 원하는 시민들은 2011년 3월 알아사드 대통령 퇴진 요구 시위를 벌였다. 그런데 이 시위가 유혈 진압되면서 일이 커지기 시작했다.

유혈 진압은 시위의 변곡점을 만든다는 사실을, 대체 언제쯤 독재자들은 이해하게 될까? 시민 대부분은 먹고사는 존엄성을 위해 평소에는 불만이 있어도 눌러 참는다. 그럼에도 도저히 그럴 수 없게 만드는 어떤 순간이 있다. 수많은 시민을 거리로 내모는, 그래서 마침내는 혁명에 불을 댕기는 사건이 있다. 그때 참다못한 사람들이 터져 나오면 누구도 막을 수 없게 된다. 1919년 3월 1일이나 1987년 6월 10일 같은 순간들. 시리아에서는 정부가 학생 시위를 유혈 진압한 사건이 바로 그때였다. 그때 도화선에 붙은 불은 아직도 꺼지지 않았다.

시리아 '내전'이라 부르기는 하지만, 이 참상은 여느 국제전보다 복잡하다. 외부 세력도 많이 연결돼 있다. 러시아는 시리아 정부와 긴밀한 사이라서 알아사드 정권을 옹호했고, 미국은 시민군의 손을 들면서 시작했다. 여기에 영국, 프랑스, 이란, 이스라엘과 튀르키예 같은 국가들도 속속 개입하면서 시리아는 겹겹이 복잡해진다.

얼핏 전형적 국제전 같지만, 20세기의 세계 대전과 달리 이들은 연맹이나 연합으로 연결되어 있지 않다. 게다가 국가 단위로만 개입한 것도 아니다. 헤즈볼라 같은 종교 기반 정치 집단도, 국가가 없는 쿠르드 민족도 있다. 여기에 IS까지 튀어나온다.

게다가 이들은 "정부군 편"과 "시민군 편"으로 깔끔하게 양분되지도 않는다. 누군가는 적과의 동침 느낌으로 느슨하게 얽혀 있고, 그러다 보니 어제까지 같은 입장이었던 이들끼리 갑자기 충돌하기도 한다.

단적인 예로 트럼프 전 미국 대통령이 미군 철수를 발표했을 때, 튀르키예가 대뜸 쿠르드족을 공격했다. 쿠르드족은 미국과 함께 IS 격퇴에 애쓰고 있었으므로 시리아 문제에 있어서는 튀르키예와 궤를 같이했으나, 둘은 전통적으로 적대 관계에 있었다. 튀르키예는 쿠르드 민족이 혹시나 독립 국가를 건설할까 봐 늘 노심초사 경계해 왔다.

아일란 쿠르디
Aylan Kurdi

군대 철수라는 적극적인 외면은 튀르키예 입장에서 국제사회 눈치 없이 쿠르드족을 칠 수 있는 절호의 기회였다.

쿠르드족은 그야말로 바람 앞의 등불 같은 신세가 된 것이다. 미국 내부를 포함해 전 세계가 경악했다. 배신감을 표현할 외교력도 없는 입장이다 보니, 결국 급한 대로 손을 뻗다가 어제까지 적이었던 시리아 정부와 미묘하게 이어졌다. 러시아는 적극적으로 끼어들어 중재 역할을 자처했다. 미국은 부랴부랴 중재를 시도했지만 이미 많은 쿠르드족이 죽었고 흩어졌고 불안해졌다.

이런 식으로 전선은 계속 점점 모호해지고 잔인해졌다. 그렇게 뒤죽박죽 쌓인 10년 이상의 시간을 깔끔하고 명확하게 요약하기는 어렵다. 길고 지난한 이야기들이다. 중동의 역학 관계나 단체 이름에 익숙하지 않은 우리에겐 더더욱 그렇다. 싸움과 싸움 사이 안보리 결의안이 몇 개 나왔고, 코피 아난 전 유엔 사무총장을 내세워 평화안을 세웠고, 휴전 표결을 시도했고… 나름대로 다양한 시도가 있었으나, 사태 해결은 되지 않았다.

이 모호한 가운데 확실한 건 딱 하나, 10여년째 고통 받고 있는 시리아 사람들이다. 계속된 폭격으로 도시는 파괴되었고, 떠난 이들에게도 남은 이들에게도 사연이 있다. 아주 많은 이들이 죽었고, 더 많은 이들이 난민이 되었다. 시리아에서는 한 세대가 사라진 셈이라고 들었다.

물론 문자 그대로 사라진 건 아니다. 어떤 이들은 "화이트 헬멧"이라는 조직을 만들었다. 하얀 헬멧을 쓰고 공습으로 무너진 건물 파편에 깔린 이웃들을 구하러 다닌다. 이들은 2023년 튀르키예와 시리아 지역을 강타한 대지진에서도 역할을 했다.

그러나 많은 이들이 무언가를 상실하며 어딘가를 부유하고 있다. 시리아를 담은 다큐멘터리를 보면 아이들은 이미 우리가 아는 아이들의 모습과 다르다. 백린탄이 무엇인지 정확히 알고 설명할 수 있는 아이, 폭격을 맞아 새까맣게 타 버린 자동차 핸들을 붙잡고 놀면서도 그 처참한 모습에 놀라지 않는 아이. 심지어 카메라를 보고 공습 이야기를 들려주는 9살짜리의 얼굴은 마치 수험생이 시험 이야기를 하는 듯한 표정이었다. 참 싫지만 자기 일상에서 빼 버릴 수 없는 어떤 것을 말하는, 눌려 있는 데에 익숙해진 얼굴.

그런 이들이 몇 명이나 될까? 유엔난민기구UNHCR는 이미 2014년에 시리아 난민 수가 2차 세계 대전 난민 숫자를 뛰어넘었다고 발표했다. 2021년 기준으로 난민과 국내 실향민을 합치면 1,300만을 훌쩍 넘어섰다. 엄청난 숫자지만, 정말 이 숫자의 의미를 이해하려면 '큰

아일란 쿠르디
Aylan Kurdi

숫자가 아니라 그 뒤에 있는 사람을 보아야 한다.

문제는 시리아 난민을 생각하면 떠오르는 얼굴이 없거나 있어도 너무나 희미하다는 것이다. 있는 힘껏 끌어모아 봐야 기억 속 희미해진 아일란 사진, 어떤 이들에겐 영화 〈가버나움〉을 찍은 소년 자인, 딸 사마를 위해 기록했다는 와드 알 카팁 감독의 다큐멘터리 〈사마에게〉 정도. 그러다 보니 난민이라는 단어를 우리와 무관한 관념으로만 바라보기 쉽다.

* * *

2018년 한동안 제주도 예멘 난민이 이슈였다. 예멘이라니, 국가명조차 우리에게는 낯설었는데 그들이 우리에게 와 있다니. 난민이라니. 난민을 받아야 한다고 말하는 사람들의 입바른 이야기는 대중에게 잘 와닿지 않았다. 일제 강점기 우리도 난민이었다 뭐 그런 말은 피부로 느껴지지 않았고, 예멘에 무슨 일이 있었는지에 대한 설명은 잘 보이지 않았다. 관심 있는 소수만 찾아볼 뿐, 대다수의 마음에는 불안만 쌓였다.

불안이 홍수처럼 쏟아졌다. 사람들은 이들이 다 가짜 난민일 거라고, 위장 취업으로 온 거라고들 했다. 이들이 온 루트만 보면 얼핏 그렇게 보일 수도 있다. 이들은 대부분 무비자로 일정 기간 체류가 가능한 제주로 들어와, 난민 심사 신청을 한 다음 제주를 떠나 타 지역에서 일자리를 얻을 생각이었을 테니까. (무비자로 입국한 외국인은 제주도 밖으로 나갈 수 없지만, 난민 신청을 한 경우 육지 이동이 허용된다.)

그러나 사람들의 불안이 폭발하면서, 난민 신청을 해도 제주도 밖으로 나갈 수 없다는 '출도 제한' 조치가 내려졌다. 난민 신청을 한 사람은 6개월간 취업 활동을 할 수 없기에, 제주에 발이 묶인 예멘 사람들은 생계도 같이 묶였다. 이내 예멘은 아예 무사증으로 입국할 수 없는 국가 리스트에 올랐고, 불과 몇 달 사이 이 국가 리스트는 더 길어졌다. 국가는 사람들의 불안에 철저히 반응해 주었다.

그렇지만 불안한 목소리는 커지기만 했다. 내국인의 취업도 어려운 상황에 외국인의 위장 취업 시도라는 말이 반가울 리 없고, 이슬람 문화권의 여성 인권을 생각하면 성범죄에 대한 우려도 지울 수 없었다. 나의 안위만을 생각한다면 합리적이고 타당한 걱정이다. 난민들을 외면할 수 있다면 외면하고 싶다. 저 멀리 중동이나 아프리카 일인데 뭐, 하고 눈 딱 감고 모른 척해보고도 싶다.

그러나 그런 세상은 이미 불가능하다. 난민들은 이미 여기 와 있

아일란 쿠르디
Aylan Kurdi

고, 앞으로 난민이라는 단어에 우리는 점점 더 익숙해질 것이다. 우리 사는 세상이 이미 그렇다. 난민 협약은 국제법이라 설령 온 국민이 원한다 해도 그냥 폐기할 수 없다. 앞으로는 분쟁뿐 아니라 환경오염으로 인한 "기후 난민"이라는 단어마저 우리의 일상어가 될지 모른다. 난민이라는 단어를 못 본 척 쓱 지울 수 없는 상황은, 요르단이나 튀르키예뿐 아니라 우리도 마찬가지라는 것이다.

사람들은 난민이 어떻게 비행기를 타고 왔겠느냐고, 그들이 값비싼 블루투스 이어폰을 꽂고 있는 걸로 보아 그냥 온 거라고 했다. 하지만 그런 이유로 고국을 떠나는 사람이 이렇게 많아질 수는 없다. 난민법에서는 난민을 "인종, 종교, 국적, 특정 사회집단의 구성원인 신분 또는 정치적 견해를 이유로 박해를 받을 수 있다고 인정할 충분한 근거가 있는 공포로 인하여 국적국의 보호를 받을 수 없거나 보호받기를 원하지 아니하는 외국인 또는 그러한 공포로 인하여 대한민국에 입국하기 전에 거주한 국가로 돌아갈 수 없거나 돌아가기를 원하지 아니하는 무국적자인 외국인"으로 정의하고 있다. 여기에 그 이전까지 부유했는지 아닌지는 판단 기준으로 들어 있지 않다. 예컨대 어느 날 우리 나라에 갑자기 내전이 생겨 도망친다면, 쓰던 스마트폰과 전자 기기를 그대로 들고 가겠지만, 우리는 여전히 난민일 것이다.

난민 틈에 테러리스트가 있으면 어떻게 하나 하는 불안도 합리적이지만, 난민 심사라는 과정이 있다. 난민 인정 사유, 박해를 받았거나 송환 시 박해의 가능성이 있는지 여부 등을 종합적으로 판단하는데, 우리 나라의 난민 인정 비율은 매우 낮다. 이 심사에서도 국가는 국민의 불안을 철저히 반영하고 있다.

모르쇠로 일관하는 것은 해답이 될 수 없다. 거짓으로 키우는 혐오는 미봉책조차 되지 못한다. 우리가 역사에서 배운 게 있다면, 피는 피로 이어지고 미움은 미움을 낳는다는 것. 덮어놓고 피한다고 피할 수 있는 문제가 아니다. 이미 일어난 일 앞에서 우리가 할 수 있는 건 서로를 더듬어 알아내고 지금 할 수 있는 그나마 가장 괜찮은 방법들을 찾아내는 것뿐이다. 우리 안에 떠오르는 지극히 합리적인 질문들, 그 불안한 질문들의 답을 함께 찾아내야 한다. 우리 사회에 존재하지 않던 질문이 생겨나고 있으니, 답 또한 새로이 태동해야 할 것이다.

너무 멀고 낯설고, 잘 모르는 세상의 사람들을 다짜고짜 포용할 수 있는 사람은 많지 않다. 그러나 가짜 뉴스로 불안을 쌓아 올리는 것은 다른 문제이다. 악의적 거짓말이나 가짜 뉴스로 퍼뜨린 불안은 고스란히 우리의 몫이 되기 때문이다. 우리는 서로를 알아가는 데에서 첫 걸음을 떼어야만 한다. 상황은 변하지 않으니 그 사실을 인정하는 데

아일란 쿠르디
Aylan Kurdi

서 시작해야 할 것 같다. 불안이 불안을 부풀리면 모두가 괴롭다. 불안의 그림자에 불을 비추고, 뭐가 마음에 걸리는지 왜 그런지 찾아봐야 한다. 역지사지도 좋은 방법이다. 여기에는 인권 감수성, 인도주의적인 고려뿐 아니라 정치·외교적 계산도 작용한다.

어떤 이유로든, 우리에겐 더 많은 대화가 필요하다. 아일란 쿠르디의 사진은 유럽을 조금이나마, 그러나 갑작스럽게 열었다. 유럽은 한동안 난민을 부지런히 받아들였고, 이내 사람들 사이에는 몰려드는 난민을 다 감당하지 못하겠다는 인식이 퍼졌다. 그러면서 극우 정당들이 기세를 올리기 시작했다.

어떤 사람들은 아일란의 사진이 '감성팔이'였다고, 다시는 이런 사진에 속지 않겠다고 했다. 난민을 받으면 유럽처럼 될 거라고들 했다. 난민 수용 반대를 주장하는 온라인 국민 청원은 70만을 넘겼다. 한쪽으로 가다가 급하게 방향을 튼 자리, 스키드 마크 같이 까만 마음들이 남았다.

그 자리를 짚어 다시 생각해 본다. 외국인이 들어와서 일자리를 얻는 것은 정말 그렇게 나쁠까? 인구 절벽과 고령화, 지방 소멸을 걱정하는 나라에서? 조금 계산적인 시선으로 보아도 이들의 존재는 반가울 수 있다. 당장 코로나19로 외국인 노동자가 사라져 있던 시골에서는, 농번기 인력을 구하지 못해 농사를 짓기 어려워 발을 동동 구르고 있었다. 도시에서는 식자재 값 인상에 얼굴을 찌푸릴 뿐 사 먹을 건 다 사 먹을 수 있지만, 시골에서는 누군가의 생계가 갈려 나가고 있었다. 이 또한 이미 일어나고 있는 일이다.

사람들이 우려한 또 하나, 외국인 범죄는 오히려 줄어들고 있다. 외국인의 수는 늘어났지만 범죄자 비율은 줄어들었다. 최근 우리를 경악하게 한 수많은 범죄는 대부분 내국인의 행위였다. 이는 우리 나라뿐 아니라 사람들이 '난민 때문에 망했다'고 수군거리는 유럽에서도 마찬가지다. 예멘 난민으로 우리가 불안해하고도 몇 년이 지났지만, 우려했던 사태는 발생하지 않았다.

우리의 혐오와 불안은 무엇을 향한 것이었나? 사실 우리 개인의 삶만 보아도, 걱정과 불안은 실체 없이 안개에 둘러싸인 감정일 때가 많다. 가끔은 내가 지금 무엇을 불안해하고 있는지, 무엇을 걱정하고 있는지, 언어로 명확하게 표현해 보는 것만으로도 무거운 마음이 조금 작아지곤 한다. 비슷한 과정을 사회적으로도 거쳐 보아야 할 것이다.

많은 이들이 어려운 고민을 한다. 아직 우리 사회가 어떤 답을 내릴지는 잘 모르겠지만, 우리 사회는 여전히 난민이라는 단어에 짙은 불안을 느끼고 있다. 우리에게는 더 많은 이해가 필요하다. 당시 제주에서 예멘 난민 긴급지원에 앞섰던 나오미센터처럼. 혐오의 목소리가 지배적으로 울려 퍼지는 동안, 곳곳에서 조용히 보낸 손길들이 있었다. 이들은 그 손길을 십시일반 모아서, 사람과 사람을 연결하는 일을 했다. 사람들은 친구가 되기도 하고, 동료가 되기도 했다. 거기서 이해가 피어났다.

이해란 복잡하고 어려운 것이 아니다. 시리아 내전이나 예멘 내전의 역사를 다 알 필요도 없다. 눈을 맞추고, 들여다보고, 인사하고, 커피 마시고, 밥 먹고, 같이 일하고… 그러다 보면 우리는 그저 사람이다. 사람의 외피를 뒤집어썼다는 점에서 같은 존재들. 거기서 어쩌면 우리는 단순한 찬성 혹은 반대 이상의 훌륭한 답안을 찾아낼 수 있을지도 모른다.

지금 난민에 대해 어떻게 생각하든, 복잡한 마음 고스란히 안고 하는 그 모든 고민에 의미가 있다. 두렵고 조심스러워도, 솔직히 피하고 싶어도, 괜찮다. 이미 피할 수 없다는 걸 인정하고 이 불안을 직시하기로 결정하기만 한다면. 결국에는 지금 이 모든 고민들이 합을 이루어, 우리 모두를 지켜줄 거라 믿는다. 우리가 지키고 싶어 하는 소중한 가치들은 서로 부딪칠 수 있다. 주머니에 담은 구슬들이 달그락거리듯 그렇게 의견이 부딪는 건 아무래도 좋다. 이 담론을 거칠게 닫아 버리지만 않는다면.

***

해변에 쓸려 온 아일란이 우리 마음에도 쓸려온 후, 그 해변을 마음에 품고 아일란의 아버지만은 살아남았다. 아내도 아이들도 잃고 모든 꿈이 사라졌다고 말했던 그는 그 후 이라크의 한 도시에 정착해 살고 있다. 독일의 한 난민 구호단체에서 난민 구조선의 이름을 아일란 쿠르디 호로 바꾸었을 때 명명식에 참석했고, 2021년에는 교황을 만나 대화하는 모습이 사진으로 알려졌다. 그렇게 아일란의 기억을 세상은 조금씩 이어 간다.

그런데 아일란 쿠르디는 사실 그 아이의 이름이 아니다. '알란'이라는 이름이 잘못 알려졌고, 성씨도 쿠르디가 아니다. 쿠르드계 사람이라 쿠르디라고 보도됐고, 그대로 알려진 것이다. 그러나 아일란이라는 이름조차 보통 명사처럼 되어간다. 불안정한 정세 속에 국경선을 넘다가 비극적으로 숨을 거둔 아이들 사진에는 대부분 "제2의 아일란"이란 말이 붙으니까.

아일란 쿠르디
Aylan Kurdi

작은 이름은 배 이름이 되고 담론이 되었다. 들어보지 못한 그의 목소리는 이름으로 여기 남았다. 구슬 같았을 아이를, 아이의 짧은 생보다 훨씬 길었던 이 의미 모를 전쟁을 아파하며 혼란을 직시한다. 외면하지 않겠다고 결정하는 것, 그게 지금 여기의 시작점이다.

*삽입된 이미지는 글 속의 사건, 인물과 무관합니다.

아일란 쿠르디
Aylan Kurdi

말랄라 유사프자이
Malala Yousafzai

어둠 덮인 땅에도 희망은 자란다

    2014년 노벨 평화상 수상자가 발표되던 순간, 나는 인도에 있었다. 수상자는 파키스탄 출신 말랄라 유사프자이와 인도 출신 카일라시 사티아르티. 반목과 갈등의 상징 같은 두 나라 출신을 나란히 선정했다. 2014년 노벨 평화상은 그 둘을 선출했다는 자체만으로도 평화의 의미를 생각하게 만드는, 그래서 더 가슴 뭉클한 순간으로 남았다.

    인도 사람들이 곳곳에서 말랄라 이야기를 했다. 아이들 학교 숙제도 말랄라에 대해 조사해 가는 것이었고, 서점 매대에는 말랄라의 저서 〈나는 말랄라〉가 쫙 깔렸다. 교회 설교나 사람들의 대화 속에서도 그 이름은 계속 울려퍼졌다. 기묘하고 옅은 기대감이 축제 분위기처럼 솔솔 풍겨나고 있었다. 나도 그 분위기를 타고 말랄라의 책을 집어 들었다. 말랄라가 입은 분홍색 옷 때문에 색감이 화사한 표지와는 달리, 어둑한 면도 들어 있는 책이다.

책은 회상으로 시작한다. 말랄라가 떠나온 후로 다시는 밟지 못한 고향 땅을 묘사하면서. 추후 노벨상을 탄 이후의 말랄라는 고향을 다시 찾아갈 수 있었지만, 글을 쓰던 당시의 말랄라로선 살아생전 다시 볼 수 있을지 여부조차 알 수 없는 곳이었다. 그래서일까 고향의 아름다움을 묘사하는 문장은 그 나이답지 않았다.

고향을 한 폭의 수채화처럼 아름답고 은은한 기억으로 묘사하는 건 대체로 나이가 찼을 때 주로 하는 일이다. 이미 떠나 온 지 꽤 되어 "고향에 고향에 이르러도 그리던 고향은 아니러뇨"라고 노래할 수밖에 없는 이들이나 쓸 법한 문장들이다. 그러나 말랄라는 1997년생이고 글을 쓰던 당시엔 십 대였다. 보통은 고향이란 단어조차 잘 쓰지 않을 나이. 과거를 회상하기보다는 미래를 그려보는 일이 더 많은 나이에, 말랄라는 타의로 잃어버린 과거의 공간을 그린다.

아름답게 묘사된 파키스탄 북서부 지역에서 말랄라네 가족은 학교를 운영했다. 말랄라가 공부하는 그 동시에, 탈레반 조직은 여학생들을 학교에서 쫓아내고 있었다. 그 상반되는 풍경에 자연히 말랄라로서는 여성 교육의 의미를 생각할 수밖에 없었을 것이다. 대단한 사상가가 되고 싶어서가 아니라, 노벨 평화상을 수상하기 위해서가 아니라, 그냥 그 나이의 모든 아이들이 그렇듯 막연한 미래를 그려보기 위해서는 그럴 수밖에 없었다.

탈레반은 누구기에 여학생들을 학교에서 쫓아냈는가. 이들은 사실 파키스탄보다는 아프가니스탄과 더 연관성이 높은 조직이다. 아프가니스탄은 '제국의 무덤'이라는 별명이 있을 만큼, 거대한 패권 국가들이 정복을 시도했을 때마다 실패하거나 큰 타격을 입은 곳이다. '제국의 무덤'이라는 말을 뒤집어 보면, 아프가니스탄을 짓밟으려고 한 나라가 얼마나 많았는지 드러난다. 이 리스트에는 소련도 미국도 있으며, 이들에 대한 작용-반작용으로 수많은 단체들이 일어나고 사라졌다.

탈레반은 소련이 아프가니스탄에서 철수한 즈음 등장한다. 정황상 파키스탄에서 시작된 조직으로 보이며, 이슬람 근본주의를 주창하는 강력한 규율 덕분에 아프가니스탄에서 빠르게 확장한다. 혼란한 시기 강력한 규율은 매력적으로 보일 수 있으니까. 그러나 탈레반은 지나쳐도 너무 지나쳤다. 모든 여성은 부르카를 입고 혼자 다니지 않을 것, 서양에서 온 모든 영화나 음악도 금할 것, 여자아이를 학교에 보내지 말 것.

이들이 권력을 잡았던 시기의 아프가니스탄은 파괴와 혐오, 폭력과 억압으로 가득했다. 평생 이슬람교도로 살아온 사람이어도 자기들 잣대에 맞지 않으면 "당신은 진정한 무슬림이 아니다"라며 총칼을 겨누고, 부정부패 숙청이란 미명 하에 너무 많은 이들을 죽였다. 언론을 탄압했고 사회에 공포 분위기를 조성했다. 단지 서양 문화를 접한 적이 있다는 이유만으로 타깃이 되는 사람도 있었다.

탈레반이 말하는 '이슬람 율법'은 사회 전체를 고통스럽게 짓눌렀지만, 특히 여성에게 어마어마한 억압을 가했다. 탈레반 치하 아프가니스탄을 배경으로 한 작품이라면 어디서나 그 모습을 볼 수 있다. 할레드 호세이니의 소설은 어느 페이지를 펴도 탈레반의 비극 그 자체다.

나디아 하시미의 소설 한 장면을 보자. 주인공은 임신했을 때 탈레반 손에 남편을 잃었다. 어느덧 만삭이 된 몸이 심상치 않아 병원에 가는 길, 탈레반과 마주친다. 탈레반은 "여성은 반드시 남성을 대동해야만 길을 나다닐 수 있다"고 윽박지른다. 주인공은 급한 상황을 설명하며 호소하고, 아직 어린 아들도 내세워본다. 탈레반에게는 아무 설

말랄라 유사프자이
Malala Yousafzai

명도 통하지 않아, 결국 서럽게 울면서 집으로 돌아간다.

애니메이션 〈파르바나〉에서는 더 끔찍한 장면이 나온다. 탈레반에 끌려간 남편의 행방을 수소문하기 위해 파르바나의 어머니가 거리에 나섰을 때다. 탈레반이 원하는 대로, 머리털부터 발끝까지 덮는 옷 '부르카'를 뒤집어썼다. 그러나 파르바나의 어머니는 길에서 마주친 탈레반 남성들에게 제지는 물론 폭행까지 당한다. 그들이 원하는 대로 온몸을 덮었다 해도 길거리에 나다녀선 안된다는 거다.

여성이 혼자서는 외출할 수 없는 것도, 숨구멍만 겨우 뚫고 온몸을 덮는 옷을 입어야 하는 것도, 여자아이들이 학교에 다니지 못하는 것도 다 탈레반 짓이었다. 탈레반을 비롯한 일부 이슬람 극단주의자들은 이런 짓이 "여성의 명예와 존엄을 보존하기 위한 것"이라고 한다. 명예와 존엄이란, 여성이 스스로 선택할 수 있는 모든 권리를 일상 공간에서 싹둑 잘라낸 이들이 들먹일 단어가 아니다. 그들이 옷 한 벌까지 문제 삼으며 좀스럽게 굴지 않아도, 여성이 알아서 명예와 존엄을 쌓을 것이다.

말랄라도 그런 여성이었다. "여자아이들도 교육을 받아야 한다"는 내용을 꾸준히 익명 블로그에 게시했다. 그게 다. 등교하려고 버스에 앉아 있던 어린 말랄라를 붙잡고 이름만 확인한 다음 총을 쏜 이유가 그거였다.

　말랄라는 총 세 발을 맞고 중태에 빠졌다. 죽지 않은 건 어쩌면 기적이었다. 영국으로 호송되어 치료를 받고 말랄라는 살아남았다. 이후로도 계속 목소리를 냈다. 익명 블로그에 숨어 목소리를 내던 말랄라는 이제 UN 본부에서 의견을 밝히고 있었다. 곳곳에서 말랄라에게 문을 열어주었다. 타임지 표지 인물, 사하로프 상 수상자, 캐나다 명예시민, 킹스 칼리지 대학교 명예박사, 역대 최연소 노벨 평화상 수상자... 말랄라는 그 후로도 평범하지 않은 기적을 일상으로 살아냈다.

*　*　*

　말랄라는 운이 좋았다. 물론 세 발이나 총을 맞고도 살아났다는 것 자체로도 운이 좋기는 했다. 탈레반의 총에 맞은 이들 대부분은 영국으로 호송될 수 없는 상황이었을 테니까. 어찌저찌 병원까지 간다 해도, 병원 침대에 누운 이들 중 회복하지 못한 이들은 또 얼마나 많은가. 그는 정말 운이 좋았다.

　그러나 말랄라의 행운은 그 시점에 시작된 게 아니었다. 아이러

말랄라 유사프자이
Malala Yousafzai

니하게도 바로 그 이유로 총을 맞은 것이기는 하지만, 말랄라가 탈레반 치하 지역의 여성임에도 교육받을 수 있었다는 데서 말랄라의 행운은 시작되었다. 우리가 태어나는 장소와 환경을 선택할 수 없지만, 그래서 만약이라는 가정은 너무나 터무니없지만, 그래도 상상해보자.

그 지역 많은 아이들처럼 초등학교 몇 년 다니다가 집으로 들어가 다시는 나올 수 없었다면, 거기에 의문을 제기할 수도 없이 경직된 사회만 접했다면. 아마 적당히 가족이 정한 대로 결혼했을 것이다. 육아와 가사 아닌 다른 모든 꿈은 사장되었을 것이다. 그보다 운이 나빴다면 무슨 일이 일어났을지 이루 다 말할 수 없다. 말랄라는 지금의 말랄라일 수 없었을 것이다.

탈레반이 취하는 정책이 매우 비정상이고 옳지 않다는 생각을 하고 그 의견을 똑똑하게 밝힐 수 있었다는 점에서, 말랄라는 운이 좋았다. 뭐가 정상인지 자기 기준을 갖고 있었다는 뜻이다. 그만큼 말랄라가 교육을 중시하는 환경에서 컸다는 증거다.

말랄라와 같은 동네에서 자랐을 다른 누군가, 말랄라와 같은 풍경을 보고 살았을 다른 누군가, 말랄라와 같은 물을 마시고 살았을 다른 누군가, 우리가 이름을 알지 못하는 다른 누군가는 그냥 그 환경에 던

져져 있었을 것이다. 노벨상을 수상할 만큼 용감하고 똑똑한 누군가가 기본적인 교육권조차 보장받지 못한 채로 여전히 그 어딘가에 남겨져 있다.

그래서 말랄라의 이름은 단지 말랄라 한 사람만의 이름이 아니다. 파키스탄 북서부 다른 여자아이들의 이름, 더 나아가 아프가니스탄에서 탈레반으로 인해 어린 시절과 학교생활을 빼앗긴 여자아이들의 이름, 그보다 더 나아가 종교라는 이름으로 자행한 범죄 때문에 목숨을 위협받으면서도 그 자리에 머무를 수밖에 없었던 모든 여자아이들의 이름이다.

꼭 탈레반의 피해자, 이슬람 극단주의의 피해자뿐일까. 이슬람 아니라 그 어떤 종교든 마찬가지다. 종교가 독뱀처럼 사람 심리의 가장 여린 살을 파고들어 쥐고 흔들 때, 혹은 종교가 정치나 경제를 위해 사탕발림 명분으로 전락할 때, 그렇게 종교가 극단으로 흘러갈 때 얼마나 끔찍해질 수 있는지 우리는 역사에서 실컷 보았다.

***

국제 뉴스 면에 자주 등장하는 단체의 이름도 어느 정도 시대에 따라 움직인다. 언제부턴가 탈레반보다는 IS 쪽을 더 많이 듣고 있었다. 자연히 사람들 기억 속에서 탈레반은 어느 정도 흐려지고 있었다. 활동과 학업을 동시에 하느라 바빴던 말랄라도 이제는 결혼하여 새 가정을 꾸리고 인생의 다음 페이지를 펼쳤다.

하지만 말랄라가 결혼을 한 2021년, 탈레반은 아프가니스탄에서 다시 권력을 잡는다. 미군이 철수하고 얼마 지나지 않아 탈레반의 공세가 이어지고, 도시를 차례차례 점령하다가 8월 결국 카불까지 탈레반의 통제 하에 들어간다. 전세계가 충격에 휩싸여 그 장면을 바라보았다. 비행기에 따라붙으려다 떨어지는 사람들을, 공항의 경계 벽 너머로 아이를 내보내는 손을.

사람들은 말랄라를 떠올렸다. 탈레반은 과연 여성들이 학교에 혹은 직장에 갈 수 있는 자유를 유지할 것인가? 탈레반은 일단 국제사회의 시선을 의식했는지 여성 인권을 존중하겠다고 약속했지만… 그 말에 안심한 사람이 몇이나 되었을까? 사람들은 그 약속을 신뢰하기보다 의구심 어린 시선을 보냈다.

아프가니스탄에서 흉흉한 이야기가 자꾸 들려왔다. 여성과 여아들은 고등교육에서, 직장에서 점차로 배제되기 시작했다. 러시아와 우크라이나의 전쟁은 전 세계의 식량 유통에 영향을 미쳤고, 가뜩이나 어렵던 아프가니스탄의 상황은 최악으로 치달았다. 최악의 식량난에서 사람들은 집안의 모든 것을 내다 팔고, 이내 어린 여자아이들이 팔려가듯 조혼을 '당했다'.

인도주의적 지원이 절실한 상황이지만, 길은 자꾸만 막혔다. 탈레반은 인도주의 업무를 하는 국제NGO에서 일하는 여성들까지 활동 금지를 명했다. 이들이 활동을 멈추면 남녀가 유별한 문화에서 여성들은 누구를 통해 인도주의적 지원을 받을 수 있을까? 단체들은 앞다투어 성명을 냈고, 아프가니스탄을 지원할 방법을 계속 찾았다.

탈레반의 약속, 여성 인권을 존중하겠다는 약속은 지켜지지 않았다. 이슬람협력기구OIC에서는 이러한 탈레반의 여성 인권 관련 상황에 대해 논의하기 위해 2023년 1월 특별회의를 소집했다. 이슬람협력기구는 탈레반의 조치에 유감을 표하면서, 여성의 교육과 노동을 금지하는 결정을 재고하도록 요청했다.

탈레반은 이 말을 두루뭉술 넘겼다. 소집한 특별회의도 이러한 입장 표명도 환영하고, 우려에 대해서도 이해하지만, 탈레반의 일시적인 조치일 뿐이라는 대답으로 응수했다. 문제 해결의 조건을 만들기 위해 노력하고 있다는 말을 덧붙이긴 했지만, 동시에 국제사회가 아프가니스탄 내정 간섭을 하지 말 것을 요구했다. 수사를 제하고 나면, 진짜 하고 싶은 말은 그냥 마지막 한 문장이었을 것이다.

아프가니스탄의 여성들은 계속해서 목소리를 내면서, 서로의 손을 잡고 있다. 2023년 1월, AP통신은 부르카로 얼굴과 몸을 가린 아프가니스탄 체육인들의 사진을 공개했다. 복싱 글러브를 착용하고 트로피를 끌어안은 사람, 당당하게 농구 공을 들고 서 있는 사람, 축구공을 하나씩 들고 부르카 아래로 반바지와 운동화를 보이는 사람들, 그밖에도 무에타이, 주짓수, 우슈, 태권도, 크리켓, 스케이드보드까지 다양한 운동을 하는 여성들이 힘찬 모습 그대로 카메라 앞에 섰다. 부르카로 얼굴을 가리고 있지만 선명하게 느껴진다. 이들은 나와, 우리와 마찬가지로 운동하고 땀 흘리며 웃기도 하고 즐기기도 하는 사람들이라는 것이. 자기 몸을 긍정하고, 조금이라도 더 건강한 오늘을 살고자 애쓰는 사람들이라는 것이. 가둔다고 쉽게 갇힐 사람들이 아니라는 것이.

말랄라와 같은 아이들이 아직 이 세상에 존재한다는 사실을 기억해야 한다. 기회만 있다면 언제든지 말랄라와 같이 똑똑한 목소리를 낼 수 있는, 기회를 박탈당해도 기회를 쟁취하는 여자아이들의 존재를. 탈레반이 그들을 집안이나 무덤에 가두었다고 해서 그들을 지워낼 수는 없다. 어둠 덮인 땅에서는 지금도 숱한 희망이 자라고 있다.

말랄라 유사프자이
Malala Yousafzai

이스마엘 베아
Ishmael Beah

전장의 소년병이 집으로 가는 길

　　노래를 반복해서 듣는다. 가수들이 어떤 식으로 마이크를 잡는지, 어떻게 비트를 타고 어떻게 발음하는지 유심히 본다. 힙합과 랩을 좋아하는 10대라면 이런 경험을 방구석에서 조용히 해봤을 법하다. 개중에는 가사를 써서 오디션장 문을 두드리는 이들도 있을 것이다. 경연 프로그램에 신청서를 내는 이들도 많을 것이고.

　　이스마엘도 그런 소년이었다. 형과 함께 집을 떠난 것도 그 때문이었다. 다른 동네까지 갈 길이 멀었다. 부모님께도 정확히 알리지 않고 길을 떠났다. 아끼는 카세트테이프 몇 개를 주머니에 넣고 당시 유행대로 헐렁한 옷을 여러 벌 겹쳐 입었다. 마치 소풍 날 같은 기분이었다. 집으로 돌아오지 못하게 되리라고는 전혀 생각지도 못한 채로.

이스마엘의 고향은 시에라리온이다. "사자의 산"이라는 멋진 이름을 가진 나라지만, 그 이름에서부터 이미 침입이 묻어 있다. 포르투갈의 탐험가가 15세기에 시에라리온을 처음 방문했을 때 산맥에 깊은 인상을 받아 붙인 이름이 그대로 굳어졌다. 그러나 이 광대한 인상을 남기는 단어는 곧 노예무역과 묶이고 만다. 특히 영국에서 노예제도 금지가 의회를 통과하는 극적이고도 아름다운 장면 뒤에, 노예 해방과 '자유'의 땅이라 도시명을 프리타운으로 붙인 곳을 보호령으로 선포하는 반전이 있었다.

시에라리온 사람들도 무력하게 당하기만 한 건 아니다. 특히 19세기 말, 오두막 규모에 따라 세금을 부과하는 법이 시행되었을 때 주민들의 저항이 거셌다. 그러나 식민지라는 단어를 중심으로 거세게 몰아치는 조류에 맞서기는 어려웠다. 게다가 식민지였던 시에라리온에서 다이아몬드가 발견되면서, 시에라리온은 다른 어떤 것보다 다이아몬드로 유명해진다.

1930년대에 처음으로 다이아몬드가 발견되었고, 1970년대에는 세계적으로 손꼽히는 크기의 원석까지 채굴되면서, 유명한 다이아몬드 생산지로 자리매김했다. 국부를 쌓을 수도 있었겠지만, 1960년대에 식민지 상태를 막 벗어나 눈앞에 과제가 산더미인 국가로서는, 자원을 제대로 활용하기가 쉽지 않았다. 결국 다이아몬드와 엮여 시에라리온 현대사는 잔혹해졌다. 정치계와 군대의 권력자들은 다이아몬드 수입보다 더 어마어마한 액수로 부정부패를 저질렀다. 정부는 무능해지고, 정국은 위태로워졌다.

시에라리온 현대사 문제에는 언제나 다이아몬드가, 정확히는 다이아몬드를 향한 인간의 욕심이 있었다. 무능한 정부에 대한 불만과 이웃 국가 라이베리아의 내전 등이 겹겹이 쌓인 자리에 탐욕이 불을 질러 시에라리온 내전으로 폭발했다. 반군이 이웃 나라 라이베리아의 군사 지원을 등에 업고 벌인 일이었고, 라이베리아도 다이아몬드를 노리고 지원한 것이었다. 1991년의 일이었다.

다이아몬드 생산이 중요했기 때문에 이들은 주민들을 강제로 동원해 다이아몬드 광산에서 고된 노동을 시킨다. 반대 진영 쪽이라고 생각되는 마을을 일일이 찾아다니며 불태우고, 남자들의 손목과 발목을 자르고, 여자들을 강간하고 죽였다. 딱딱한 코코넛 껍질을 단숨에 벗길 수 있을 만큼 강한 칼로 손목과 발목을 잘리면 아무 일도 할 수 없게 된다. 어른들은 그렇게 죽음 혹은 그 근처로 내몰렸다.

아이들도 무사하지 못했다. 어린이들을 잡아다가, 남자아이들은 소년병으로 전락시켰고 여자아이들은 성적으로 착취했다. 소년병이 된 아이들에게는 '힘이 나는 약'이라며 마약을 주어 이들을 통제했다. 고향 마을에 불을 지르고 그 인근에서 살인과 강간을 저지르게 시켜, 아이들이 이후에도 돌아갈 곳이 없게 만든다. 여자아이들은 자기들을 강간하고 때리고 칼로 찌르는, 매일 새롭게 가해자가 되는 가해자들을 위해 밥을 짓고 빨래를 해야 한다. 지옥도가 따로 없었다. 이런 상황에서 살아남는 건 순전히 각자의 몫이었다.

그래도 친절한 손길이 아예 사라지지는 않았다. 오두막에 이스마엘과 친구들을 데려다 놓고 물과 음식을 가져다준 사람도 있었고, 먹을 것을 내어준 할아버지도 있었다. 그러나 도움을 베푼 어른들의 이름을 묻는 이스마엘에게 그들은 자신의 이름을 말해주지 않는다. 굳이 이름을 알 필요가 없다고, 무사히 살려면 모르는 편이 낫다고 대답할 뿐이다. 전쟁은, 특히 내전은 그렇게 친절한 이웃의 얼굴마저 익명성에 가둔다.

동족상잔의 비극이 더욱 지독한 이유도 여기에 있다. 비슷한 얼굴을 하고, 지방색이 약간 있을 뿐 서로 소통에 어려움이 없을 만큼 같은 언어를 쓰는 이들이 총부리를 겨눌 때는 피아 식별이 너무나 어렵다. 전선이 쉬이 엎치락뒤치락하는 상황에 민간인은 얼마나 무력해지는가. 그런 내전 3년이면 나라를 죄 헝클어 놓는다는 걸 우리는 잘 알고 있는데, 시에라리온 내전은 10년이 넘게 이어졌다.

사람들의 예상보다 훨씬 길어진 전쟁이었다. 반군과 정부군 뒤로 자꾸 다른 이들의 지원이 붙었기 때문이다. 시에라리온 정부군은 민간 군수 회사의 지원을 받아, 라이베리아를 등에 업은 반군에 맞섰다. 어느 정도 정리될까 싶었던 상황은 이내 정부군 장교들이 쿠데타를 일으키면서 또 뒤집힌다. 평화 협정, UN 평화유지군, 반군 무장해제 같은 단어들이 속속 등장했지만, 전쟁은 쉽사리 끝나지 않았다. 결국 영국의 지원까지 받은 정부군이 프리타운을 탈환하면서 2002년 마침내 "내전 완전 종식"이 공식적으로 선포되기는 했다. 그러나 전쟁에서 돌아온 소년병과 여자아이들에게 일상을 돌려주는 건 또 다른 문제였다. 종식은 온전한 끝이 아니라 끝의 시작일 뿐이다.

그 내내 아무 일도 없었다는 듯 세계 곳곳의 보석상에는 다이아몬드가 얌전히 놓여 있었다. 시에라리온에는 피가 철철 흐르는데, 라이베리아 혹은 시에라리온산 다이아몬드는 계속 팔려나갔다. 〈블러드 다이아몬드〉 같은 영화로 대중의 인식이 나빠졌을 때서야 다이아몬드 회사들은 부랴부랴 원산지 추적 제도를 도입하여, 분쟁과 관련된 다이아몬드 거래를 규제하기로 했다.

그러나 다이아몬드 시장은 강제 노동에 가까운 저임금과 환경 파괴라는 문제점 또한 안고 있다. 다이아몬드를 실험실에서 인공으로 키우는 '랩그로운' 다이아몬드, 다이아몬드와 거의 유사한 특성을 보이는 모이사나이트 쪽을 돌아보는 사람도 많아졌다. 광택이나 특성을 전문가도 맨눈으로 구별하기 힘들 정도인데, 가격 차이도 있고 무엇보다 훨씬 마음 편하게 구매할 수 있다는 점에서. 쉽게 대체될 수 있는 보석의 작은 반짝임을 위해 누군가의 삶을 파괴하고 싶지 않은 사람이 점점 늘어나고 있다. 다이아몬드가 엮인 비극을 돌아볼 때, 훨씬 아름다운 일이다.

* * *

이스마엘은 반군이 아니라 정부군에 속하기는 했지만, 어느 쪽이든 마찬가지다. 소년병들은 자기 입장을 정하고 참전한 게 아니다. 십대 소년을 보면 잡아다 자기 일원으로 만드는 어른들 아래 살았을 뿐이다. 참혹한 전장에서 너무 많은 시체를 보고 너무 많은 피를 흘렸으며 그게 아무렇지 않아질 만큼 무뎌진 마음은 어느 진영에나 있다. 이스마엘은 반군이 될지 정부군이 될지, 손목을 잘릴지 그렇지 않을지조차 무작위로 굴러가는 세상을 살았다. 러시안룰렛이 사방에서 팽팽 돌아가는 세상을.

험한 꼴을 보고 나면 소년들은 울지 않으려고 웃었다고 한다. 죽지 않으려고 버텼다. 버티면서 많이 죽었다. 이스마엘 또래의 소년들은 전쟁의 가해자 탈을 쓴 피해자였고, 피해자인 동시에 가해자였다. 이 이중적 지위는 그들의 일상 복귀를 더욱 어렵게 만들었다. 이스마엘 또래 소녀들에게는 더욱 어렵다. 이들 다수는 살아남지도 못했으므로, 피해자라는 말조차 그들에겐 요원했다. 다이아몬드를 노린 러시안룰렛은 모두를 쏘아붙였는데, 그 돈은 대체 누구 주머니로 들어갔을까?

이스마엘은 결국 그 세상에서 "구조"되어 기관으로 들어갔지만, 그의 마음은 쉬이 전장을 떠날 수 없었다. 이스마엘을 비롯한 아이들은 기관에서도 정부군 반군 출신을 갈라 싸웠고, 마약 금단 현상에 시달렸다. "전쟁은 인간의 마음에서 생기는 것이므로 평화의 방벽을 세워야 할 곳도 인간의 마음속이다."라는 유네스코 헌장이 떠오르는 순간이다. 너무 멀리 있는 듯 느껴지는 말이지만.

그럼에도 포기해선 안 된다. 이스마엘 본인은 말한다. 어디로 가고 있는지도 모르고, 한 치 앞에서 무슨 일이 벌어질지도 모르고 걸어가야 했던 여행길에서 아버지의 말을 생각했다고. "살아 있는 한 더 나은 날이 오고 좋은 날이 생길 거라는 희망이 있단다. 더 이상 좋은 일이 생길 거라는 희망을 잃게 되면, 그때 죽는 거야." 그 말을 원동력 삼아 이스마엘은 포기하지 않았고, 살아남아 이제는 과거를 회상하며 우뚝 서 있다. 이따금 사람은 말 한마디를 붙들고 버틴다. 우리가 희망을 계속 말해야 하는 이유다.

그렇게 그는 선례가 되었다. 2009년, 이스마엘은 한참 전에 떠나왔던 시에라리온을 다시 방문한다. 그는 〈집으로 가는 길〉 이후로도 책두 권을 더 냈고, 여전히 아동 인권과 소년병 문제에 대해 말하는 사람으로 살고 있다. 무엇보다 사회 일원으로 일상을 살고 있다. 결혼도하고 아이도 낳고, 평범한 하루하루를 살아가고 있다.

앞으로 그의 삶이 어떠할지 알 수 없으나, 현재까지 그는 존재 자체로 하나의 희망봉이다. 저기까지 이르면 일단 뭐든 될 거라는 희망. 도움을 구하기조차 어렵던 상황에서 살아남아 도움을 받은 자가 도움을 주는 자로 변할 수 있다는 희망. 비록 한 번 생긴 상처가 없던 일처럼 되지는 않겠지만, 여전히 흉터는 따라다니겠지만... 적어도 한아이를 전장에 혼자 버려두지 않는다면 아이의 마음속에서도 서서히전쟁이 끝나리라는 희망이다.

이스마엘을 전장으로 내몬 것도 어른들의 손이었고, 그런 이스마엘에게 네 잘못이 아니라고 말해주며 아이를 일상으로 다시 데려온 것도 어른들의 손이었다. 전장의 소년병이 집으로 가는 길은 우리 모두가 함께 평화로 가는 길과 다르지 않았다.

와리스 디리
Waris Diiriye

사막의 꽃, 인간으로 우뚝 서다

    어렸을 때 읽은, 잘 기억나지 않는 어떤 소설에서 중국인 여성 화자가 발을 싸매는 과정을 보고 소름이 끼쳤던 적이 있다. 일인칭으로 서술하는 전족 과정은 끔찍했다. 어머니가 억지로 아이의 발 뼈를 부러뜨리고 접는 과정에서 화자가 겪는 고통, 비명, 이후에도 풍겨 오는 곪은 살 냄새 같은 것들이 어찌나 생생하게 전해지던지 몸을 부르르 떨며 읽었다.

    단어로만 알고 있던 서양의 코르셋이 실제로 어떤 것인지 알게 되었을 때도 비슷한 느낌이었다. 꽉 졸라맨 허리 안쪽에서 뼈가 무너지고 짓눌리고, 그러다 뼈가 부러지거나 장기가 손상을 입기까지 했다고 들었을 때. 팔에 오소소 내리던 소름의 감각이 선명하다. 모두가 했던 행위니까 좀 아프긴 해도 설마 그렇게까지 몸에 해로운 행위였을 줄은 몰랐다. 어린 날의 나로서는 상상도 할 수 없었다.

이게 좋은 거니까, 예쁘니까, 미덕이니까, 전통이니까... 다양한 이유로 생명에 반하는 행동을 한 건 동서고금 공통점일까? 전족을 하다가, 코르셋을 조이다가, 비소가 들어간 드레스를 입다가, 수은을 바르다가... 그 이유로 죽은 사람이 적지 않을 텐데 어쩐지 같은 행동을 반복한다. 하긴 나도 유행이라는 이유로 굽이 12센티미터쯤 되는 하이힐을 신고 뛰어다녔던 적이 있다. 앞쪽에도 굽이 조금 있어 보기보다 불편하진 않다고 했지만, 사실 누가 봐도 불편한 신발이었다. 먼 훗날 미래 세대가 본다면, 비소 드레스나 수은 화장품처럼 기괴하게 보일지도 모르겠다. 그런 날이 오면 굳이 말할 필요도 없는 문장이 되겠지만, 그 어떤 미의 기준이나 오랜 전통도 사람의 생명보다는 소중하지 않다. 특히나 개중에 어떤 것은 목소리 높여 얼른 끊어내야 한다. 그렇게 지금 당장 근절할 것들을 목록으로 만든다면 역시나 "여성 할례"를 빼놓을 수 없다.

"여성 할례"라는 기괴한 단어를 처음 들은 건 중학교 때였다. 나는 할례라는 단어를 성경에서만 들어봤고, 그나마도 엄벙덤벙 읽어서 그

뜻을 잘 몰랐다. 하지만 열심히 읽었다 해도 "여성 할례"를 이해할 수는 없었을 것이다. 성경 속 할례는 이스라엘 남성들만 행하는 전통인데, 현대식으로 표현하면 포경 수술이다. 다시 말해 전통을 골백번 바꿔도 여성은 할 수 없는 일이다. 대체 "여성 할례"란 무엇인가. 와리스 디리의 책〈사막의 꽃〉에서 그 의미를 알게 되었다.

와리스라는 이름은 사막의 꽃이라는 뜻이지만, 로맨틱한 시 같은 그 이름이 걸어온 길은 별로 녹록지 않았다. 와리스는 소말리아의 한 유목민 가정에서 태어났다. 염소를 먹이고, 말린 풀로 바구니 짜는 법을 어머니에게 배우고, 염소 우유를 마시고, 별하늘 아래 잠드는 생활을 했다. 얼핏 낭만적으로 보이는 광경을 다시 풀어 보면, 염소를 먹이러 나가는 길에 자신을 강간하려 드는 이를 마주치거나, 혼자 사막에 가서 동생을 낳은 어머니가 그사이 물을 찾아 이동한 가족을 찾아 며칠 동안 인근을 헤매거나, 백발이 성성한 노인에게 염소 다섯 마리에 팔려 시집을 갈 수 있다는 뜻이기도 했다. 모두 그가 겪은 일이다.

와리스는 집에서 도망쳐 나와 무작정 걷고, 차를 얻어 타고, 친척집을 전전하고, 긴 여정 끝에 런던에 가게 된다. 대사였던 이모부를 따라가서 이모네 집 가정부가 된 것이다. 이모 가정이 소말리아로 돌아갈 때 와리스는 곧 만료될 여권 하나 달랑 들고 런던에 남았다. 우여곡절 고생 끝에 패션모델이 되었고 잘 자리를 잡았다. 〈사막의 꽃〉에서 이 과정을 세세히 이야기하지만, 이 책은 우여곡절 끝에 "성공"하는 인물 이야기가 아니다. 입지전보다는 고발장 내지는 폭로에 가까운 글이다.

와리스가 아직 어렸을 때부터 막연하게 동경해 오던 "어떤 일"이 있었다. 고만고만한 어느 날이 아니라 내가 조금 더 특별해질 듯한 기분, 말로만 듣던 일이 내게도 일어나고 이제부터 나는 그전과는 좀 다른 누군가가 될 것 같은 기분. 와리스는 서양 아이들이 크리스마스를 기다리듯 그날을 기다렸다고 한다. 뭔지도 잘 모르면서 그냥 기다렸다. 그리고 와리스의 그날이 왔다.

마을에서 동떨어진 곳, 집시 여인, 핏자국이 말라붙어 있는 면도칼과 나무 가시. 다시 말해, 아무도 아이의 비명을 들을 수 없는 곳, 의사 면허가 없는 사람, 지저분하고 위험한 도구들. 와리스는 서서히 뭔가 이상하다는 걸 깨닫는다. 그곳에서 그렇게 이루어진 "여성 할례"의 다른 이름은 "여성 성기 절제", 성기를 자르고 꿰매는 일이었다.

이미 그 일을 겪은 언니 중에는 세상을 떠난 사람도, 와리스를 볼 때마다 얼굴에 먹구름을 드리우던 사람도 있었다. 그러나 누구도 입에 담지 않았다. 거의 대부분의 여자아이들이 겪는 일임에도, 감히 누구도 입 밖에 낼 생각을 못 했다.

2016년 유니세프가 발표한 바에 따르면 30개국(그중 27개국이 아프리카)에서 2천만 명 이상의 여성이 성기 절제를 했다. 그러나 "했다"보다는 "당했다"는 동사가 적절한 상황이다. 성기를 자르고 꿰맨다니, 대체 처음에 누가 그런 말도 안 되는 발상을 한 것일까? 초경 전의 어린 여자아이를 데려다가 이런 끔찍한 짓을 행한다. 와리스의 경우에는 면도날이었지만 칼이나 가위를 쓰는 경우도, 정 도구가 없으면 깨진 유리 조각이나 치아를 사용하는 경우도 있다고 한다.

부작용이 없을 리 없다. 와리스는 소변을 보려면 15분은 걸렸고 생리도 열흘 정도에 걸쳐 서서히 배출했다고 말한다. 생리통과 방광염도 심각했다. 운이 나쁘면 HIV에 감염되거나 파상풍에 걸릴 수도 있다. 몸과 마음의 건강은 긴밀히 연결되어 있는데 이러한 끔찍한 일이 마음에도 영향을 안 줄 리가 없다. 불감증부터 우울증까지 다양한 마음의 병이 여성들 옆에 도사리고 서 있다. 여성 성기 절제로 얻는 것이라곤 몸과 마음의 병뿐이다. 이런 괴로움도 살아남았을 때나 가능한 이야기다. 과다 출혈, 패혈증, 감염 등으로 죽는 경우도 허다하다.

군이 온갖 병명을 나열할 필요가 있을까? 상식적인 인간이라면 당

와리스 디리
Waris Diiriye

연히 이 미친 짓을 관두자고 할 일 아닌가. 그럼에도 여성 할례는 전통이란 말의 무게를 덧입어 여태껏 존재해 왔다. 실은 근본도 없는 주제에 쓸데없이 오래 존재한 인습이다. 어떤 사람은 이슬람의 전통이라 말하지만 "여성 할례"는 이슬람보다 먼저 자리를 잡았다. 게다가 코란에는 이와 관련된 언급이 전혀 없다고 한다. 다시 말해 여성 성기 절제는 어디까지나 여성의 "처녀"성에 집착하는 이들, 여성의 선택을 배제하고 여성을 가둬 두고 싶어 하던 어떤 이들의 빈약하고 치졸한 소산이다.

더 슬픈 것은 이 빈약한 상상력이 너무 무겁게, 여성들 본인의 어깨 위를 짓누르고 있다는 점이다. 여성 성기 절제라는 '전통'이 있는 국가를 중심으로, 여성 성기 절제에 대해 들어본 15~49세 여성들에게 물었다. (이 중 다수는 여성 성기 절제를 경험한 여성일 것이다.) 이 인습이 끊어져야 한다고 생각하는지. 탄자니아와 토고에서는 95%, 가나에서는 94% 케냐에서는 93%의 여성이 그렇다고 대답했다. 그러나 차드와 수단에서는 절반을 겨우 넘는 53%만이, 감비아에서는 46%, 시에라리온에서는 34%, 기니에서는 26%만이 그렇다고 대답했다. 그러나 와리스가 태어난 소말리아에서는 19%, 말리에서는 18%만이 그렇다는 대답을 했다. 이 숫자의 출처는 2022년 유니세프 자료다. 1980년대 자료가 아니다.

그러니 1960년대에 태어난 와리스 디리에게 이 주제가 얼마나 무거웠을지 상상할 수 있다. 잘 나가는 슈퍼 모델로 카메라 앞에 여러 번 서 보았던 와리스 디리지만, 자신의 삶을 개척해 올 만큼 다부진 성품을 가진 사람이지만, 여성 성기 절제 이야기를 꺼내기는 쉽지 않았을 것이다. 인터뷰에서 여성 성기 절제 이야기를 하면서는 발가벗겨진 것 같은 기분이 들어 많이 울었다고 한다.

스포트라이트를 받으면서 당당히 걷는 데 익숙한 이조차 여성 성기 절제가 남긴 상처를 말한다는 게 쉽지 않았다면, 하물며 시선이 꽂히지 않는 곳에 그림자처럼 서 있는 것이 더 익숙한 여성들, 쥐도 새도 모르게 목숨을 잃을지도 모를 자리에 서 있는 여성들이 이 문제에 나서서 목소리를 내기란 얼마나 어려운 일일까?

이를 잘 아는 와리스는 더 목소리를 냈다. 와리스는 런던에 살면서 성기 절제를 되돌리는 수술을 받았다. 소변을 시원하게 보지도 못하고, 정상적이지 않은 월경을 겪으며 고통에 시달리던 날들도 작별이었다. 와리스는 더 건강해진 몸으로 목소리를 더욱 크게 내기 시작했다.

〈사막의 꽃〉 이후로도 여러 권의 책을 내고, UN에서 특별 홍보 대사로 활동했다. 사막의 꽃 재단을 설립해 여성 성기 절제에 대해 알리

와리스 디리
Waris Diiriye

고, 후원을 일으켜 과거의 자신과 비슷한 이들을 위해 일하기 시작했다. 와리스에게는 과거가 된 일이지만 여전히 많은 이들에게 현실임을 와리스는 잘 알고 있었다. 이러한 노력 덕분에 지구 반대편 누군가는 여성 성기 절제라는 끔찍한 일이 존재한다는 사실을 알게 되었다. 와리스는 2007년 프랑스의 레지옹 도뇌르 훈장을 받기도 했다.

와리스와 다양한 NGO 활동가들을 비롯한 많은 사람의 노력으로, 여성 성기 절제는 점차 줄어들고 있다. 1990년대까지만 해도 여자아이 2명 중 1명이 여성 성기 절제를 경험했으나 오늘날에는 3명 중 1명이 경험한다는 유니세프 자료를 보면, 그 경향성에 조금 안심이 된다. 그러나 여전히 어떤 아이들이 그 '3명 중 1명'으로 남아 있다는 점에는 마음이 무겁다.

와리스 디리가 아무리 힘껏 목소리를 내도 듣지 못하는 이들도 물론 있었다. 주거 침입을 해서 와리스를 납치하려던 남자도 있었고, (와리스가 그를 내던졌다고 한다) 호텔에 머물 때 어떤 택시 기사에게 납치 당한 적도 있었다. 그나마 다행히 택시 기사의 강간은 미수에 그쳤다만, 형량이 덜 나온다는 거지 죄질이 덜 나쁘다는 건 아니다. 이들의 귀에는 와리스가 하는 말이 하나도 들리지 않았던 모양이다.

그러든가 말든가, 와리스는 예전에도 지금도 누가 뭐라든 굴하지 않고 계속 목소리를 내고 있다. 여성도 인간이라고. 누군가의 소유물도 아니고, 꽃도 아니라고. 와리스가 여성 성기 절제라는 거대한 인습과 싸우는 가장 큰 무기를, 와리스 본인은 교육이라고 말한다. 거대한 인습에 맞서 딸을 보호하도록 양육자를 교육하고, 그 딸들이 "순결하지 않은" 여자로서 낙인찍혀 살까 봐 두려워하지 않아도 되도록 교육으로 딸들의 삶을 열어 주는 것이다.

실제로 인식과 함께 법제도 변하고 있다. 2007년 케냐, 가나, 토고, 부르키나파소, 베냉 등 다수의 아프리카 국가에서 관련 법 규정을 강화했다. 최근에는 2020년 수단에서도 여성 성기 절제를 금지하는 법이 만들어졌다. 이 장면을 목격하며 유니세프에서는 "아이들의 부모를 벌하기 위한 것이 아니라, 올바른 교육으로 인식이 바뀌도록 하는 것"이라는 말도 덧붙였다. 아이들의 양육자뿐 아니라 마을에서 영향력 있는 주민 대표, 조산사, 의료인 모두 여성 성기 절제가 아이의 삶에 얼마나 해로운지 잘 알고, 아이를 보호하는 결정을 내리도록 하는 것이다. 와리스가 희망하고 꿈꾼 것도 바로 이런 장면일 것이다.

언젠가 그 딸들은 자라고 자라 나무처럼 그늘을 드리울 것이다. 그 그늘에서는 새로운 나무가 또 자라날 것이다. 와리스의 〈사막의 꽃〉이 영화화될 때 주연을 맡은 에티오피아 출신 리야 케베데처럼. 와리스와 십 년가량 나이 차이가 나는 리야 또한, 자신이 자란 풍경에 어떤 사람들이 있었는지 기억하고 있다. WHO 특별대사로 모성보건 증진 활동을 하고, 이후 아예 자기 이름으로 재단을 만들어 에티오피아의 영유아 사망률을 낮추는 다양한 활동을 펼치고 있다. 와리스와 리야뿐 아니라, 자기의 시작점을 단단히 딛고 서서 나아가는 여성들은 계속 나올 것이다. 여성 성기 절제라는 악습 또한, 머지않은 언젠가 전족과 코르셋 뒤를 따라가리라 믿는다. 비소 드레스와 수은 화장품처럼 우리를 경악하게 하는 과거의 그 무엇이 될 것이다.

* * *

지금의 시선으로 보면 너무 이상한 일들이다. 하지만 온 시대가 '다 그런 거야'라고 말할 때는 쉽게 의심하기 어렵다. 십 년쯤 전에 유행하던 옷을 지금 보면 더없이 촌스럽게만 보이는 것처럼, 그러나 십 년쯤 시간이 더 지나 유행이 한 바퀴 돌면 그땐 또 괜찮아 보이는 것처럼… 우리는 시대의 시선에 어쩔 수 없이 영향을 받는다.

비록 지금 우리에게는 어린아이의 발을 꺾어 싸매는 일도, 성기를 자르고 꿰매는 일도 없지만, 아이들에게 어떤 것을 물려주고 있나 생각하면 미안한 마음이 올라온다. 어릴 때 나는 마른 몸이 예쁘다고 생각했고 살이 찔 때마다 스트레스를 받긴 했지만, 약을 먹고 밥을 굶어가며 거식증을 추구하는 아이들이 나타나길 바란 적은 없었다. 아이들이 자기 몸을 긍정하지 못하고 끝없이 더 마른 몸을 추구하며 우울해지길 바란 건 절대 아니었다. 아이들이 건강하게 먹고, 진짜 자기가 만들고 싶은 몸의 모양, 진짜 자기가 하고 싶은 일을 더 꿈꿀 수 있다면 좋겠다는 생각을 한다.

아직 전통이라 부르기엔 역사가 짧지만, 시대를 억누르는 힘은 그 못지않은 것들을 돌아본다. 이제 자라나는 나무들은 다른 숲을 이루어 갈 수 있길.

와리스 디리
Waris Diiriye

에밀리 데이비슨
Emily Davison

말에 치여 죽더라도 해야 했던 말

어떤 이야기든 교과서로 읽으면 단조로운 톤이다. 역사 속 파란만장한 이야기라도 교과서에서는 중립과 객관을 목표로 최대한 정제하면서 서술하니까. 교과서를 읽다가 화들짝 놀랄 일은 좀처럼 없다는 소리다. 그런데 아주 가끔, 너무 충격적이어서 마음에 오래 남는 이야기들이 있다. 중학교 사회 시간에 아무 생각 없이 읽은 교과서 한 꼭지가 그랬다. 투표권을 얻기 위해 경마 대회에서 말 앞으로 몸을 던져 죽었다는, 그 마지막 순간에 "여성에게 투표권을!"이라고 외쳤다는 어떤 여자 이야기였다.

아무 생각 없는 중학생이었던 나는 투표권에 관해 진지하게 생각해 본 적이 없었다. 아니 그냥 민주주의라는 말 자체를 딱히 생각해 보지 않았다. 당시 나는 신문을 읽거나 뉴스를 보지도 않았고, "정치" 적인 이야기는 사회 전체를 들썩거리게 만들 때나 가끔 들었다. 투표 야 뭐 나이가 차면 당연히 하게 될, 지금은 나와 별 상관없는 무언가 로만 여겼다. 살아생전 투표권 유무를 다툰 적이 없고, 투표가 당시 내 삶으로 들어온 적은 더더욱 없었으니까. 그래서 이 과격한 처사가 이해 가지 않았다. 투쟁 같은 거 하지 않아도 투표권이 너무 당연한 세상을 살기에.

그러나 그 여자, 에밀리 데이비슨이 살던 세상은 그렇지 않았다. 에밀리 데이비슨뿐 아니라 여성의 참정권을 위해 목소리를 높인 이 들을 세상은 서프러제트suffragette라고 불렀다. 그 이름은 때로는 존경 의, 때로는 희롱과 욕설의 대상이었다. 그들의 움직임은 마치 어떤 독 립운동 같았다. 사회적 억압만 존재하고 권리는 부재한 상태에서 벗 어나려는 움직임.

사실 서프러제트 하면 가장 먼저 떠오르는 이름은 에밀리 데이비 슨보다는 에멀린 팽크허스트일 것이다. 에멀린 팽크허스트는 딸 셋 과 함께 여성사회정치연맹이라는 조직을 만들어 여성의 참정권을 요 구했다. 이들의 모토는 "말보다 행동"이었다. 돌을 던지고 불을 질렀다. 적당히 다듬어진 말로 상대를 설득하려 들지 않았다.

처음부터 그랬던 게 아니다. 그전까지 서명 운동을 하고 청원을 숱하게 넣으면서 평화롭게, "예쁘고 고운" 말과 합법적인 수단을 동원하여 투표권을 요청했다. 실제로 관련 법안이 의회까지 들어간 것도 여러 번이었다. 그러나 끝내 모두 부결되었다. 같은 말을 계속해도 들어주지 않는데, 언제까지 예쁜 말로 할 수 있을까? 이들은 할 수 있는 말을 다 했고, 쏟을 수 있는 노력을 다 쏟았으며, 그 모든 것이 거절당했다고 생각했다. 이제 행동에 나섰다.

당연히 엄청난 반발을 샀다. 물론 서프러제트의 생각에 동의하고 함께 움직인 남성도 소수 있었지만, 전체적인 분위기는 좋지 않았다. 여성이 "감히" "기어오르는" 상황에 불편함을 느낀 남성들의 반발이 대부분이었다. 서프러제트를 비난하는 신문 삽화를 보면 서프러제트가 꼭 동화 속 마녀 같은 모습으로 그려져 있다. 하나하나 읽어보면 현대 예술이 이런 거구나 싶고 정말 웃기다.

문맥과도 상관없는 비난을 퍼붓는 내용이 많다. 남성에게 사랑받지 못해서 그럴 거라고, 못생기고 뚱뚱하고 늙은 노처녀들일 거라고. 이런 비방은 서프러제트들에게 타격을 주지 못했다. 오히려 그런 비방을 한 딱한 남성들이 두려워하는 게 무엇인지, 평소에 여성들에게 어떤 취급을 받았는지를 거울처럼 비춰줄 뿐이다.

현대의 시각으로 보면 그런 광고들이 웃기지만, 당시 상황은 웃기지 않게 굴러가고 있었다. 투표권을 향해 단결하여 싸워도 모자랄 것 같은데, 여성이라고 모두 서프러제트를 옹호한 것도 아니었다. 당장 오늘 벌어 오늘 먹고사는 게 급했던 여성들에게는 참정권이 거의 우주여행만큼이나 먼 단어로 들렸다. 이들에게는 서프러제트의 활동이 오히려 일상을 귀찮고 번거롭게 만드는 행위로 느껴졌을 것이다.

그나마 여성의 참정권을 주장하는 몇 안 되는 사람들 안에서도 투쟁 방법이나 방향을 놓고 목소리가 갈렸다. 그럼에도 다른 모든 역사처럼 여성 참정권 투쟁의 역사도 엎치락뒤치락하면서 제 갈 길을 갔다. 에밀리 데이비슨이 경주마 앞에 몸을 던진 것도 그 일환이었다.

***

경마대회에서 몸을 던지는 순간이 워낙 충격적이어서 에밀리 데이비슨의 이름이 교과서에 실릴 만큼 길이 회자되고는 있지만, 사건 자체에는 불분명한 구석이 많다. 그러다 보니 단지 이목을 끌기 위한 자살이었다고 보는 사람도, 죽으려던 게 아니라 그냥 말 고삐에 깃발을 매달려고 했던 것이 아닐까 하는 사람도, 우연한 사고로 보는 사람도 있다. 그러나 이 사건을 어떻게 해석하든, 에밀리 데이비슨의 생애를 보면 그의 행보엔 일관성이 있었다. 인상 깊은 순간 뒤에는 웅숭깊은 시간이 있었다.

에밀리 데이비슨은 아버지를 여의면서 대학 공부를 그만두어야 했다. 거기서 포기하지 않고, 입주 가정교사로 돈을 모아 다시 학교에 등록했다. 그렇게나 끈기 있게 이어간 공부였는데 학교 방침상 여성이라는 이유로 졸업을 하지 못했다. 결국 다른 학교에서 끝내 학위를 손에 넣었다. 갈 수 있는 길이 별로 없는 시대에도 끝내 길을 찾아 개척한 삶이었다. 학교를 졸업할 즈음에는 아예 가정교사를 그만두고 여성사회정치연맹에서 일하기 시작했다.

처음 경찰에 체포된 것도 그즈음이었다. 행진을 하다가 경찰과 언쟁을 벌이고 공무 집행 중인 경찰을 모독했다는 사유였다. 그 후로도 여러 차례 체포되었는데, 그때마다 단식 투쟁을 벌였다. 간수들이 고무호스로 음식물을 강제 주입한 기록만 47번이나 된다. 에밀리는 무엇에도 아랑곳하지 않고 뚝심 있게 자기 길을 갔다. 워낙 급진적이라

에밀리 데이비슨
Emily Davison

가끔은 연맹 내 다른 사람들과 의견이 갈리기도 했다. 우체통에 불을 지른 사건만 해도, 연맹에서는 하지 말라는 입장이었다.

더비 경마 대회에 몸을 던진 것도 누구와 논의된 게 아니었다. 그래서 더욱 불분명하다. 다만 마지막 순간 에밀리가 "여성에게 투표권을!"이라 외치는 소리를 들었다는 증언이 있었고, 그 말은 그대로 유언이 되어 교과서에까지 실렸다.

집에 갈 기차표와 연맹 깃발을 모두 품고 바닥에 쓰러진 그에게, 또 쓰러진 말에게 사람들은 다가갔다. 국왕의 말을 더 걱정하는 이들도 있었고, 여자 하나가 경마 대회를 망쳤다고 혀를 끌끌 차는 사람들도 있었다. 사건 자체는 급진적인 여성 한 사람의 단독 행동이었지만, 이 일을 다루는 세상의 태도는 다른 사람들이 이대로 외면할 수 없게 만들었다.

에밀리 데이비슨을 비롯한 수많은 이들의 목소리가 지치도록 울려 퍼진 끝에, 에밀리가 경마 대회에 뛰어들고도 5년이나 지난 후에, 영국은 여성의 투표권을 인정했다.

* * *

투표는 당연한 권리라고 생각하며 턱을 괴고 교과서를 넘기는 중학생에 이르기까지, 여성의 투표권에는 얼마나 긴 투쟁의 역사가 새겨져 있을까? "세계 최초의 보통선거"가 시행된 프랑스부터 보자. 여기에는 올랭프 드 구주가 있었다. 1748년생이니 40대 초반에 프랑스혁명을 목도한 셈이다. 자유, 평등, 박애를 말하며 세상이 뒤집히는 경험이 얼마나 신선했을까? 그러나 올랭프는 곧 이상한 점을 깨닫는다. 자유, 평등, 박애는 여성에게 허락되지 않았다. 여성은 남성 없이 자유로울 수도 없었고, 그러니 평등하지 않았다. 우리말로는 모든 사람을 동등하게 사랑한다는 뜻의 "박애"로 번역된 단어는 사실 '형제애fraternité'다. 단어 자체에 형제frère를 품는, 그 안에 자매sœur는 없었다.

그는 〈인간과 시민의 권리 선언〉에 대응하듯 〈여성과 시민의 권리 선언〉을 냈다. '인간'이라는 단어는 곧 '남자'라는 단어였으므로, 여성이라는 단어 하나를 추가해 넣었다. "여성은 교수대에 오를 권리가 있다. 연단에 오를 권리도 있어야 할 것이다."라는 발언으로 가장 유명하지만, 참정권에 관해서만 이야기한 사람이 아니었다. 가부장제와 노예제도에 대해서도 의견을 밝히는 등, 사회적 약자들에 관한 생각을 멈추지 않았다. 그의 주장들은 지금 살펴보아도 상당히 폭넓고 현대적이다.

그러나 자신이 했던 말처럼 교수대에 오르게 된다. 혁명 이후 로베스피에르가 주도한 소위 공포정치 시기, 혁명에 반하는 세력뿐 아니라 혁명에 참여했던 세력도 단두대에서 숙청당하던 때였다. 같은 자코뱅파 사람들까지 숙청하던 상황이니, 지롱드파에 속해 있던 그도 진작 숙청 대상이었다. 그렇게 그는 마리 앙트와네트 왕비에 이어, 단두대에 오른 두 번째 여성이 되었다. 1793년, 프랑스 혁명 불과 4년 후였다. 올랭프 드 구주의 몸은 '교수대에 오를 권리'를 가지면서 떠나갔으나, 그의 말들은 아직까지도 살아남아 계속해서 재해석되며, '연단에 오를 권리'를 지금도 행사하고 있다.

1848년 시행된 프랑스의 "세계 최초 보통선거"는 파리 시민과 노동자층이 모여 7월 왕정 퇴진과 선거권을 요구하여 공화정을 이루었다는 의의가 있긴 하지만, 여성은 빠진 반쪽짜리 보통이었다. 여성의 투표권은 미국과 영국보다도 늦게, 1944년에야 이루어졌다. 보통선거는 빈부, 계급뿐 아니라 성별과도 무관하게 투표권을 갖는 것을 뜻하므로, 진정한 의미의 보통선거는 1944년에나 시행되었다고 할 수 있다.

아무튼 1848년 프랑스 소식이 주변 국가에도 알려졌고, 영국에서도 보통선거에 대한 열망이 들끓기 시작했다. 1832년 선거법을 개정하면서 상공업자를 비롯한 일부 중산층에게 선거권이 확대되었다. 여기서 혜택을 받지 못한 노동자들은 선거권 확대를 꾸준히 요구했다. 인민헌장이라는 문서에 6개 조항을 담아, 보통선거를 통한 의회 민주주의를 꿈꾸었다.

그 결과 1867년 영국은 또 한 번 선거법을 개정한다. 노동자들도 선거에 참여할 수 있게 되었다. 그러나 여전히 여성은 제외되고 있었다. 오히려 1893년 뉴질랜드에서 세계 최초로 여성의 선거권을 인정하였다. 그나마도 피선거권은 제외한 반쪽의 권리였고, 1901년 호주가 영국으로부터 독립한 후 1902년 법을 제정할 때서야 여성에게 선거권과 피선거권이 모두 부여된다.

절대 군주의 시대가 가고, 투표권이라는 개념이 생겨난 것처럼, 여성의 투표권도 점차 태동하고 있었던 것이다. 세상은 이미 변하고 있었다. 1903년 에멀린 팽크허스트는 여성사회정치연맹을 조직하고, 뜻을 같이하는 사람들이 여기에 점점 모였다. 영화 〈서프러제트〉에는 이들의 모습이 잘 나와 있다. (메릴 스트립이 짧지만 임팩트 있게 등장해 에멀린 팽크허스트 역할로 분한다.) 1913년 에밀리 데이비슨이 경마대회에 몸을 던진다. 1914년, 1차 세계 대전이 벌어진다.

에밀리 데이비슨
Emily Davison

전쟁이 끝나고 1918년, 인민대표법으로 30세 이상 여성이 투표권을 갖게 됐다. 그러나 그나마도 재산을 소유한 남성과 혼인했거나, 본인이 재산을 소유한 경우에만 주어졌다. 남성의 경우 재산으로 투표권을 제한하는 규정이 아예 없어져, 이때 법적으로 온전한 보통 선거권을 갖게 되었다. 여성은 10년 늦게, 1928년이 되어서야 갖게 된 권리였다. 그리고 시간이 흘러 이제 투표는 정말 성별과 연령, 재산에 대한 차별이 없는 민주주의의 핵심이자 보루가 되었다. 투표권의 소중함을 느끼지 못할 만큼, 공기처럼 당연하게 우리 옆에 있는.

지금도 수많은 이들이 당시 에밀리의 자리에 서 있다. 권리를 놓고 싸워야 하는 자리에. 마치 산소 없는 삶을 상상할 수 없듯, 그 권리를 이미 가진 누군가는 그 싸움을 상상할 수 없다. 그래서 너무 쉽게 말을 보탠다. 지금 그게 급한 게 아니라며, 더 급한 일들이 많다고, 생각이 없다고… 비방의 말을 너무 쉽게 보탠다.

그럴 때 에밀리를 생각해 본다. 에밀리의 장례식에서 높이 올라간 깃발에는 계속 싸우라는 메시지가 적혀 있었다. 삶을 마무리하는 자리에 드리운 문장으로는 너무나 호전적인 메시지지만, 그 한 문장은 그가 평생 견지해 온 삶의 태도였다. 어떤 싸움은 아무리 지난해도 그만둘 수 없다. 그렇게 악착같이 지켜낸 것들이 우리를 지켜주는 날도

분명 올 것이다.

에밀리 데이비슨
Emily Davison

조슈아 웡
Joshua Wong

우산을 들고 싸웠다

      홍콩이 세계사 무대에 본격적으로 존재감을 드러낸 것은 아편 전쟁 때다. 물론 그전에도 홍콩은 분명히 존재했으며, 사람들이 생을 꾸려 가는 공간이었다. 다만 광활한 대륙을 통치하던 중국 왕조사에서 홍콩을 언급할 일이 잘 없었을 뿐이다. 그러니 큰 흐름에서 조금 떨어져 있던 홍콩을 이슈의 중심지로 끌어올린 건 영국군의 탐욕이었다고 할 수 있을 것이다.

    영국은 아편 전쟁 때 홍콩을 점령하고, 전후 난징 조약을 통해 공식적으로 홍콩을 집어삼켰다. 아편 전쟁은 영국이 만들어 낸 전쟁이나 다름없었다. 17~18세기 영국에서 청나라의 차※, 비단, 도자기는 아주 인기 있는 사치품이었다. 인도 면화를 수입해다 만드는 면직물은 청나라에서 매력 있는 상품이 아니었으므로, 영국은 대청 무역에서 적자를 보고 있었다. 중국은 은화를 사용했으므로 영국 또한 은으로 그 대금을 치러야 했다. 엄청난 양의 은이 청나라로 빨려 들어가는 것만 같았다. 영국은 대책을 고심했다.

영국의 선택은 아편의 중독성에 기대는 것이었다. 영국은 인도에서 생산되는 아편을 청에 밀어 넣었다. 밀수업자들이 움직이고, 아편의 해악성에 대한 경계심이 크게 없었던 청은 곧 사회 전체가 뒤흔들리는 상황에 이른다. 곳곳에 아편 중독자들의 소굴이 되어 가고, 단속은 잘되지 않았다.

은 유출이 심한 것은 이제 영국이 아니라 청 쪽이었다. 청은 사태를 수습해 보고자 흠차대신이라는 직책으로 임칙서를 파견한다. 임칙서는 꼼꼼한 행정가였고, 아편은 절대 금지해야 한다는 엄격한 기준을 가지고 있었다. 그는 바로 아편 단속을 시작했다. 압수한 아편을 못 쓰게 만들어 폐기했다. 영국 상인들이 이에 항의할 때, 마치 기다렸다는 듯이 영국 함대가 출몰하였다.

우습게도 아편 무역을 빌미로 일어난 전쟁인데, 함대는 무역의 배경이 된 광둥이 아니라 베이징과 가까운 톈진 쪽으로 들어간다. 심지어 전후 처리를 위해 맺은 난징 조약에서 추후 무역 문제는 규정조차 되지 않았다. 애초에 아편도 핑계였지만, 그 얄량한 핑계조차 던져버리고 청나라를 털어먹겠다고 달려드는 내용이었다.

청은 전비와 아편 대금으로 엄청난 보상금을 내고, 5개 항구를 열어 서양에 문호를 개방하고, 톈진과 상하이에 조계지를 허용해야 했으며, 독점 상인 제도를 폐지하고 관세율 조정의 여지를 두어야 했다. 앞으로 경제적으로 청을 치고 들어오겠다는 신호탄이었다. 그리고 그 사이에, 홍콩섬을 영국에 할양한다는 조항이 있었다. 이어 제2차 아편 전쟁에서는 주룽반도와 스톤커터스 섬까지 양도되고, 신계 지역의 99년 임대권까지 넘겨주면서 본격적으로 홍콩은 영국 그림자 아래 들어간다.

만일 홍콩 모든 지역이 영국령으로 영영 할양된 것이었다면 뭔가 달랐을지 모른다. 그러나 신계 지역은 99년만 임대하기로 되어 있었고, 그 기한이 다가옴에 따라 향후 홍콩에 관해 이야기를 해야만 했다. 결국 영국과 중국은 외교 협상을 통해 1984년 홍콩 반환 협정을 체결한다. 1997년 7월 1일을 기점으로 홍콩은 중국령으로 이양될 것이며, 이양 후 50년간 일국양제一國兩制, 즉 한 나라 두 체제라는 말 안에 남기로 했다.

홍콩 반환 협정을 체결할 당시 중국 주석은 덩샤오핑이었다. 1989년 그가 이끄는 중국 공산당이 반정부 시위를 유혈 진압했던 '천안문 사태'를 홍콩도 보았다. 결국 많은 사람이 1997년이 이르기 전에 홍콩을 떠났다. 남은 사람들은 일국양제, 중국과 별도로 홍콩의 방식대로 살아갈 삶을 기대했을 것이다.

* * *

제국주의자들이 휘저어 놓은 조류를 따라 영국령이 되긴 했지만, 시작점이 어디였든 홍콩인들은 뚜벅뚜벅 쾌활하게 일상을 만들어 갔다. 그래서 홍콩은 중국 본토와는 다른 분위기로 흘러왔다. 좀 더 이국적이고 자유로운 곳. 언제나 우리에게 들려줄 매력적인 이야기가 넘쳐나는 곳이었다. 성룡, 주윤발, 장국영, 양조위, 주성치, 홍금보, 왕가위, 오우삼... 홍콩 영화의 잔상은 여전히 짙고 깊다. 특히 홍콩의 반환을 앞두고 부유하는 청춘의 표상 같은 왕가위 영화들은 지금까지도 볼 때마다 신선한 감각을 쏟아내어 준다. 그뿐일까. 쇼핑 천국, 느와르 영화 수십은 족히 나올 것 같은 구룡 성채의 기록, 별들이 소곤대는 홍콩의 밤거리, 거리마다 아스라한 네온사인과 불빛들.

그러나 중국 정부와의 관계를 생각하면 속삭이는 이야기들이 우뚝 멈추고 만다. 중국은 독립을 기도하는 이들에게 민감하다. 위구르, 티베트 등 어디 한 군데라도 독립하기 시작하면 다른 지역도 우수수 빠져나갈 수 있기 때문이다. 그래서 상대에 따라 당근과 채찍을 구사하며 이 말 저 말을 갖다 대 왔다. 홍콩에는 '일국양제'였다. 엄밀히 중국의 일부이지만 일국양제라는 말 안에서 홍콩만의 정부를 꾸리고 헌법을 따로 가진다. 그대로 둘 테니 빠져나가려 들지는 말라는 중간선인 셈이다.

한시적인 선이라서 그런 걸까? 중간선을 넘나드는 일이 종종 터져나온다. 2014년의 "우산 혁명"은 선거 제도 때문에 일어났다. 간선제에서 직선제로 변경하도록 목소리를 냈으며 학생들이 주축에 있었다는 점에서 어딘가 한국의 1987년을 연상하게 만드는 면도 있다. 대한민국 헌정사에도 비슷한 예시가 있지만, 간접 선거는 누군가의 입맛대로 인사를 뽑는 시스템으로 전락할 가능성을 품고 있다.

어느 정도 조건을 갖추면 누구든 출마할 수 있고, 그 후보들을 모두가 보통·평등·직접·비밀선거로 뽑을 수 있어야 직선제가 보장된다. 대만의 경우에도 보통 선거를 치러 정부를 세운다. 그렇기 때문에 범록 진영과 범람 진영, 온건파와 강경파가 투표 결과 따라 권력을 잡는다.

그러나 새로 바뀐 홍콩의 선거 제도는 숫제 오디션 프로그램 같았다. 위원회에서 후보를 두어 명으로 추린 후 국민들이 그 후보들을 뽑을 수 있다는 것이다. 오디션과 경연을 기반으로 한 음악 예능 프로그램에서 심사위원단이 어느 정도 참여자를 거른 후, TOP10 정도부터 시청자 투표를 도입하는 것처럼. 차라리 시청자 투표가 순위에 결정적이라는 점에서, 오디션 프로그램이 홍콩 간선제보다 더 민주적이다.

홍콩 시민들도 당연히 자유롭게 누구든 입후보할 수 있는 진짜 직선제를 원했다. 중국 공산당에 대한 그간의 불만이 한꺼번에 터져 나왔다. 2014년 7월 초에는 500명가량이 체포되면서 하루 만에 막을 내렸다.

그러나 9월 말에는 사정이 달랐다. 대학들은 동맹 휴학을 했고 젊은이들이 거리로 나왔다. 중·고등학생들도 나왔다. 경찰이 최루탄을 쏘자, 사람들은 우산을 쓰고 맞섰다. 마스크를 쓰고 우산을 쓴 사람들이 12월까지 경찰과 대치했다. 홍콩 시민들의 시위를 상징하는 물건이 우산이었다면 상징하는 인물은 학생들이었다. 9월의 동맹 휴학 흐름을 이끈 아그네스 차우, 시위의 주력 인사가 된 조슈아 웡 등이다.

조슈아 웡은 9월에 시위가 시작되고 곧바로 경찰에 체포되었다. 애초에 조슈아는 학생 때부터 책상 앞에만 앉아있는 사람이 아니었다. 그는 홍콩 교육 정책을 비롯한 다양한 정치 사안에 꾸준히 목소리를 냈다. 그가 중국 공산당을 어떻게 생각하는지는 추후 시위 때 영화 〈브이 포 벤데타〉를 인용해 쓴 글에서 잘 드러난다. "사람들이 정부를 두려워해선 안 됩니다. 정부가 사람들을 두려워해야 합니다."

조슈아 웡을 비롯해 수많은 이들이 거리로 나섰지만 우산 혁명은 선거 제도를 바꾸는 데까지 이르지 못했다. 주요 인사들이 단식까지 불사했지만, 12월 중순 시위는 끝났다. 베이징에서 불어온 바람을 따라 홍콩은 언론 통제라는 죔쇠를 조였다.

어떤 학생들은 법정에 서야 했다. 함께 지도부에 있던 알렉스 차우, 네이던 로와 함께 조슈아는 "불법집회 참가와 그 선동" 죄를 선고받았다. 처음에는 사회봉사 활동만 선고받았지만 이내 양쪽에서 항소가 제기되었다. 검찰은 너무 가볍다고, 학생들은 유죄 판결이 부당하다고 각각 항소를 제기했던 것이다. 항소심에서는 6~8개월의 실형이 선고됐다. 상고심이 상고심대로 진행되는 동안, 조슈아는 복역 중 보석으로 풀려났다. 결국 1심의 사회봉사활동 형으로 최종 선고가 나면서 법정 싸움은 그런 대로 마무리되었다.

그 후 시진핑은 헌법을 고치고 자기의 통치 체제를 더욱 공고히
했다.

***

법정 선고가 떨어질 때 조슈아는 두고 보자는 말을 했다. 몸을 가
둔다고 자기를 가둘 수는 없을 것이라고. 그는 일국양제 시스템이 어
느새 사라지고 중국이 슬그머니 홍콩을 중국의 시스템 안에 가두는
사태를 맞지 않도록, 끝까지 싸울 생각을 하고 있는 것 같다.

우산 혁명은 시스템을 바꾸지 못했지만, 사람들을 집결시켰고 함
께 뭔가를 일군 경험을 안겨주었다. 조슈아와 다른 지도부 학생들에
게 징역형이 선고될 때 홍콩 시내에서 사람들은 징역형에 반대하는
시위를 하고 있었는데, 이때에도 어떤 이들은 우산을 들고 거리에 나
왔다. 이미 이들의 마음속에 우산 혁명은 어떤 상징이 되어 있다.

중국과의 관계 악화를 우려한 말레이시아에서 조슈아의 입국을 거
부하기도 했는데, 아마 이런 비슷한 일을 조슈아는 이미 많이 겪었으
며 앞으로 많이 겪게 될 것 같다. 그러나 그는 계속하고 있다.

살아있는 인간이란 변화무쌍하기 때문에 그가 나이 들면서 어떤 모습을 보여줄지는 모른다. 과거의 민주화 열사가 오늘날 독재를 옹호하는 발언을 한다든지 하는 일은 생각보다 흔하니까. 그러나 적어도 그는 보여주었다. 우산 혁명이라는 싸움의 끝에서 졌지만 지지 않은 모습을, 끝없는 싸움의 끝은 끝내지 않는 자들의 몫이라는 것을. 조슈아 웡과 아그네스 차우 그리고 함께한 수많은 이들의 안녕과 건투를 빈다.

* * *

여기까지 쓰고 또 시간이 흘렀다. 2019년 홍콩 시민들은 다시 거리로 나섰다. 범죄인 인도 법안을 놓고 시작된 시위는 복면 금지법과 긴급 조치, 외신 기자 사망 등 듣기 싫은 단어들로 이어지고 있다. 홍콩인이 범죄를 저지르면 중국으로 송환되어 재판받게 된다는 조항은, 당시 들려오던 흉흉한 소문과 맞물려 공포를 자아냈다. 자살이라는 이름으로 포장된 의문사들, 군사력의 움직임, 시위대에게 저지른 온갖 범죄들, 손을 맞잡은 시진핑과 캐리 람 홍콩 행정장관의 사진 같은 것들. 조슈아 웡이나 아그네스 차우와 함께 학생 시위를 이끌던 알렉스 차우도 이때 최루탄을 피하려다 건물에서 추락해 숨졌다.

조슈아 웡은 이때도 시위에 나섰고, 또 체포되었다. 그리고 여기서부터는 조슈아 웡뿐 아니라 그와 같이 거리에 서 있던 사람들을 보아야 한다.

1997년 전에 홍콩을 떠난 사람들이 있다면, 1997년 이후에 홍콩에 태어난 사람들도 있다. 이들은 자기가 아는 세상을 지키기 위해, 2014년의 우산 혁명을 기억하며 다시 거리로 나선다. 이 모습은 다큐멘터리 영화 〈시대혁명〉에 잘 담겨 있다. 온라인 게임에 익숙한 세대여서 그럴까? 마치 온라인 게임에서 각자의 직업과 무기를 선택하듯, 지도부 없이도 사람들은 각자의 역할을 착착 찾아낸다. 버스도 지하철도 끊긴 도시에서 시위 참석자들을 차량으로 집에 들여보내는 사람들, 가족과 유사한 공동체를 이루고 시위 최전선에 서는 이들을 돌보는 사람들, 돌아다니며 사람들에게 방독면을 씌우고 구조대로 활약하는 소년, 경찰의 위치와 최루탄 정보를 파악하고 전달하는 온라인 감시자들… 시위 안팎에서 이들은 각자의 역할을 다한다.

온 생을 쏟아 붓는 것이 보였지만, 이들의 시위는 끝났다. 역사 속 수많은 시위와는 달리, 이들의 끝에 '지도층의 내분' 같은 건 없었다. 시위는 과격한 유혈 진압으로 끝나고 말았다.

화염병을 어떻게 써야 하는지도 몰라서 가방에 기름 줄줄 묻히고 다니던 소년이 화염병을 던지게 하고, 구글 맵을 볼 줄도 모르던 아이가 지도로 경찰 정보를 공유하면서 첩보 작전을 펼치게 만든 끝에, 홍콩 경찰은 결국 시민들을 전쟁 상대처럼 여기기 시작했다. 아이들은 캐리 람을 죽여도 또 다른 캐리 람이 나타낼 테니 결국 보통 선거권을 쟁취해야 하는 싸움임을 똑똑히 인지하고 있는데, 경찰은 아이들을 다 죽이면 될 거로 생각하는 것만 같았다. 아무 무장도 하지 않은 사람에게 총을 쏘고, 일반적인 시위 진압의 국제관례와 달리 퇴로까지 차단하고 공격했다. 이렇게까지 할 필요가 있나 싶을 만큼.

대학생들은 인터넷을 사수하기 위해 홍콩이공대를 마지막 거점으로 삼았다. 아이들은 눈앞에 남은 선택지가 죽음 혹은 10년 징역형 정도라는 걸 깨달았다. 홍콩 경찰도 그곳을 마지막 거점으로 생각하고 있는 게 보였다. 아이들을 구하기 위해 시민들도 마음을 모아 부지런히 움직이지만, 경찰의 태도는 변하지 않았다. 수천 발의 최루액과 물대포로 사람을 날리고, 총을 쏘고, 끝내 아이들을 무릎 꿇리고, 구타하고, 질질 끌고 가고. 시위는 그렇게 잔인하게 진압되었다.

홍콩이공대 벽면에는 Dear world, 세상 사람들에게 이들이 남긴 메시지가 거칠게 남았다. "중국 공산당은 당신네 정부에 침투할 것이고, 중국 기업은 당신의 정치적 입장에 간섭할 것이다. 위구르족에게 했던 짓처럼, 당신네 나라를 털어먹을 것이다. 정신 똑똑히 차려라, 그렇지 않으면 다음은 당신 차례다!"

그 말이 어느 정도는 맞아떨어지고 있다. 위구르와 홍콩뿐 아니라 인도나 미얀마에서도 바람을 타고 어떤 이야기들이 들려온다. 한복이나 김치, 윤동주라는 시인의 존재마저 중국의 테두리에 편입하려는 불편한 움직임들도 포착된다. 이러한 행보에 경계심을 느끼고 예민하게 움직인 어떤 사람들은 〈조선구마사〉 드라마 방영 금지 같은 결정까지 끌어냈다.

중국이 굴기를 꾀하는 방식은 주변국 입장에서 매우 공격적으로 느껴질 수 있다. 문화대혁명으로 제 문화를 파먹었던 이들이 이제 남의 문화를 파먹으려 들고 있으니까. 이에 맞서 홍콩만의 다채로운 색깔을 지키기 위해 홍콩은 잠시 검은 복면을 썼다. 그럼에도 사람들은 이제 홍콩이 끝났다고 말했다.

중국의 굴기는 계속되고 있으니까. 2020년 홍콩에서 국가보안법이 시행되었고, 가까운 시일 내에 무력을 써서라도 대만을 '통일'하겠다는 말도 서슴없이 내뱉는다. 그와중에 홍콩은 국제사회에서도 조금 잊힌 것 같다. 미얀마에서도 괴로운 일이 생기고, 우크라이나에서도 전쟁이 났고… 그러는 동안 2020년 조슈아 웡은 수감되었고, 옥중에서 계속해서 혐의가 추가되었다. 사람들은 흩어졌다. 그렇게 끝난 것만 같아 보였다.

그런데 다큐멘터리 〈시대혁명〉에서 인터뷰한 당사자들 입에서는 전혀 다른 말이 들려온다. 얼굴과 이름을 가린, 조슈아 웡 또래 혹은 그보다 어린 사람들이 말한다. 10년 징역형을 받고 나와도 아직 이십 대 혹은 삼십 대라고, 또 싸워야 하는 상황이 오면 더 잘 싸울 거라고. 그렇게 말하며 웃는다.

조슈아 웡의 서슬 퍼런 눈빛을 보지 못한 지 한참이지만, 그도 비슷할 걸 안다. 비루하고 추레하게 제국을 바라는 이들은, 푸른 자유를 꿈꾸는 이들보다 먼저 죽을 것이다. 아무리 경찰이 총을 쏘고 철봉을 휘둘러도 모든 시민 모든 아이를 죽일 수는 없으므로. 모든 관례를 부술 만큼 비겁해지지 않고는 싸울 수도 없었던 그들과 달리, 시위대에 있던 이들은 모든 희생과 고민과 절망을 다 끌어안고도, "우리를 기록해 주세요"라고 유언처럼 울먹이고도, 여전히 싸울 마음을 포기하지 않았다. 지금은 모든 것이 끝난 어둠 속이 아니라, 신발 끈을 다시 매면서 장기전을 바라보는 휴지기였다.

조슈아 웡과 다른 이들의 안녕과 건투를, 다시 한번 더 빈다.

네이딘 고디머
Nadine Godimer

초연하고 예리한 시선으로

인종 차별은 뿌리가 깊다. 고작 피부색이 뭐라고, 너무 유치한 발상이 이토록 깊은 뿌리를 내다니 놀랍지만 그렇다. 슬프지만 우리 대다수는 당대의 분위기에 쏠려 침묵하는 군중이 되기 쉽다. 갈릴레이를 죽인 중세 사람들처럼 우리도 많은 것을 생각지 못한 채 살고 있는지 모른다. "흑인의 목숨도 소중하다"는 문장을 21세기에 여전히 힘주어 말해야 하는 세상, 코로나19 이후 대놓고 동양인에게 무작위로 주먹을 휘두르는 세상, 영화를 보기도 전에 주연 배우가 흑인이라는 이유만으로 혐오 발언들을 쏟아내는 세상. 이 문제를 우리는 극복할 수 있을까? 그런 날이 올까? 이런 생각에 마음이 무거워질 때면 나는 네이딘 고디머의 우아하고도 초연한 눈빛을 생각한다.

네이딘 고디머는 남아프리카공화국 출신의 작가다. 국내에 아주 잘 알려진 작가는 아니지만, 부커상과 노벨상을 둘 다 탄 대작가다. 1950년대에 〈거짓의 시간〉이라는 첫 소설을 내고, 2010년대까지도 계속 쓴 사람이었다. 동시에 투사였다. 아파르트헤이트, '분리'라는 단어로 차별을 감추려고 했던 당시의 남아공 사회와 끝까지 싸운 사람이었다. 그의 작품도 아파르트헤이트에 반대하는 뜻을 분명히 담고 있지만, 그는 글로도 싸우고 삶으로도 싸웠다.

아파르트헤이트에 맞선 사람 하면 우리는 모두 넬슨 만델라를 가장 먼저 떠올린다. 그러나 넬슨 만델라는 혼자가 아니었다. 이들은 서로의 동료였다. 같은 조직에서 활동한 이력도 있다. 넬슨 만델라가 1964년에 종신형을 선고받고 마지막 변론 기회마저 연설로 빛낼 때 그 자리에서 그를 지지한 사람, 넬슨 만델라의 연설문을 함께 손본 사람, 1990년에 마침내 만델라가 석방되었을 때 얼른 만나고 싶어 한 사람들 중 하나. 남아공에 사는 백인으로서 인종 차별을 반대한 사람, 네이딘 고디머가 그런 사람이었다. 정권과 마찰을 빚지 않았을 리 없다.

그럼에도 네이딘 고디머는 남아공을 떠나지 않았다. 남아공 사회에 대한 꿈을 포기하지도 않았다. 그는 언젠가 남아공에 민주주의가 실현되고, 인종 차별도 성차별도 끝나는 날이 있을 거라고 믿었다. 나이브해 보일 정도로 급진적인 생각 같지만, 그는 이 꿈을 평생 견지해 왔다. 인터뷰에서 "사회가 도저히 변할 수 없다고 생각하는 사람들이야말로 급진적"이라고 되받아칠 만큼 여유 있게. 그는 항상 초연하고 예리한 태도를 유지했다.

* * *

어린 시절부터 네이딘은 모두가 당연하게 받아들인 것들에 의문을 품었다. 어머니 손을 잡고 물건을 사러 가면 자신은 옷 한 벌을 사더라도 꼼꼼히 만져볼 수 있는데, 학교 앞 상점에 보이는 흑인 광부들은 왜 물건을 조심스레 가리킬 수밖에 없는지, 철사 한 줄을 넘지 못하고 그 사이로 돈만 슬쩍 건네고 물건을 받아 가는지 이해할 수 없었다.

흑인에게는 술을 팔지 않던 시절이라 곳곳에서 밀주가 횡행하던 시절, 어느 날 밤 갑자기 밀주 단속을 나왔다며 경찰이 흑인 하녀의 방을 급습해 뒤집던 날을 그는 기억한다. 부모는 밤중에 갑자기 집안에 들어온 경찰을 말리지 않았고, 그렇게 물끄러미 바라보기만 했던 어린 날의 기억은 이후 그의 책에 박제되었다.

대학에 간 후 그에게는 같은 마음을 가진 흑인 친구들이 생겼다. 그때까지 만났던 어떤 백인들보다 훨씬 마음이 잘 맞는 친구들이었다. 어린 시절부터 품은 의문은, 그 의문을 무시하지 않고 사유했던 시간은, 삶으로 열매를 맺었다. 말로, 책으로, 행동으로 세상에 나왔다.

네이딘은 자신이 작가가 된 게 오롯이 독서의 힘이라 말한다. 책을 읽으면서 말로 표현할 수 없는 기쁨을 느꼈으니까, 독서를 하면서 언어를 배우고 문장을 다듬었으니까 그 말도 맞는 것 같다. 실제로 그는 정규 교육을 끝마치지도 않았고, 대학에서 가르치는 문예 창작 과목에도 학을 뗐다 하니 독서에 공을 돌리는 것도 이해가 간다.

그러나 어린 시절 당연한 것을 당연하게 보지 못한 시선에서부터 작가가 태어났을 것이다. 물론 그 시선을 독서가 주었을 수 있지만, 같은 책을 읽는다고 모두가 같은 것을 보지는 못한다. 그가 자라면서 그 안의 작가도 자라 결국에는 세상으로 나온 것일 테다. 당대 백인들과 생각을 같이하지도, 당대 흑인들과 같은 위치에 서지도 못했을 중간자는 자신의 균형점을 찾아 그만이 포착할 수 있는 것들을 담아냈다.

아파르트헤이트를 과거지사로 배우는 지금의 시선으로 보면 별 얘기 아닌 것 같지만, 당시 이런 생각을 할 수 있다는 자체가 어마어마한 일이었다. 아파르트헤이트는 하루아침에 성립되지도, 한순간에 무너지지도 않았다. 아파르트헤이트라는 단어가 처음 공식 석상에 등장한 것은 1910년대의 일이지만, 식민지의 차별성을 머금었다는 점을 생각하면 이미 씨앗은 그 한참 전에 심겼음을 알 수 있다.

말은 번지르르했다. 흑인과 백인은 "다른" 것이고, 그러므로 "분리" 하는 것뿐이라고. 그러나 어불성설이었다. 흑인들은 백인의 구역으로 통행할 수도 없고, 백인들이 자유롭게 하는 행위를 "감히" 할 수도 없었다. 시간이 지날수록 이 분리 정책은 더욱 뚜렷해져, 문 하나, 주전자 하나도 철저하게 분리되어야 했다. 당연히 사람과 사람 사이의 교류도 진작 차단되었으며, 가족으로는 더더욱 결합할 수 없었다. 서로 다른 인종 사이의 결혼을 금지하고, 유색인종과 백인 사이의 성관계는 "배덕"법Immorality Act, 비윤리적이라는 말로 금지되었다.

매년 차곡차곡 법령의 이름이 쌓이면서, 분리는 서서히 그러나 확실히 이루어졌다. 식당, 화장실, 수영장 등 일상적인 공간도 모두 분

네이딘 고디머
Nadine Godimer

리 사용하는 것이 아예 법령으로 정해졌다. 집단지구법으로 인종별 구역을 달리하고, 불법거주금지법이나 반투도시지구법을 통해 대도시에서 흑인의 자리를 점차 잘라냈다. 인종에 따라 교육 과정을 달리하여, 흑인 아동에게는 양질의 교육을 제공하지 않았다. 동시에 못된 머리들은 또 하나의 생각을 한다. 아예 국가를 분리하자.

그 결과 1970년대 말부터 1980년대 초까지 남아공에서 4개의 나라가 차례차례 분리 독립을 하는, 이상한 일이 일어난다. 말이 신생 국가지, 이 4개의 국가는 어느 나라에게도 승인받지 못했다. 아무리 국제법적으로 국가 승인이 필수 요건은 아니라지만, 이들 4개 국가 상호 간과 남아공밖에는 승인하지 않았다니 조금 수상한 냄새가 난다. 이 4개 국가와 외교 관계를 맺은 나라도 전혀 없다.

결국 이 나라들은 80년대 말부터 90년대 사이 속속 남아공으로 돌아갔다. 이 나라들을 묶어 반투스탄이라 부른다. 독립의 형태를 취한 지역은 4개지만, 사실 독립하지 않은 반투스탄까지 합치면 훨씬 더 많은 지역이 있었다. 남아공에 10곳, 오늘날의 나미비아 인근인 남서아프리카에 10곳이 있었다.

반투스탄을 위키백과에 검색하면 "아파르트헤이트 정책의 하나로 남아프리카 공화국과 그들의 통치 아래 있던 남서 아프리카(현재의 나미비아)에 설치된 흑인 거주 구역"이라고 나온다. 남아공은 반투스탄 지역을 "주권 국가"로 인정하며 독립시켰지만, 사실 이건 명목상의 언어일 뿐 사실상 반투스탄은 괴뢰국이었다. 부조리한 법령을 만들고는 그 법령을 기계적으로 따라, 흑인들을 불모지 한가운데로 몰아넣고 독립이라는 이름으로 가둬 버렸다.

지력(地力)이라곤 거의 없는 땅이라 농사를 지을 수도 없었고, 도시 기반이 없으니 상업이나 공업으로 먹고 살 수도 없었다. 말이 독립이지 이들의 경제권은 남아공에 고스란히 예속되어 있었다. 오히려 사람들의 일상과 조건은 악화되었다. 이전에는 남아공 국민이었는데 이제는 보호받을 권리가 훨씬 줄어든 외국인 노동자 신분이 되었으며, 남아공 어디에서 다른 어디로 출퇴근하는 대신 국경으로 분리된 외국이자 특수 거주 지역에서 출퇴근을 하게 된 게 차이일 뿐이었다. 결국 반투스탄은 흑인들의 시민권을 박탈하고 남아공 밖으로 쫓아내는 일밖에 되지 않았던 셈이다.

더 끔찍하게도, 반투스탄을 관광지로 육성하라는 법령이 시행되었다. 남아공 국내법에 의하면 유색 인종과 백인 사이의 성관계는 "배덕"하다고 처벌받아야 했지만, 반투스탄은 남아공 국경 밖이었으므로 처벌 대상이 되지 않았다. 카지노부터 성매매까지 그 어떤 문란한 관광이라도 가능했다. 야금야금 잘라먹은 권리의 자리에서도 쫓아내더니, 제 손으로 인권을 박탈한 상대들을 끝까지 쫓아가서 또 인권을 짓밟은 셈이다.

반투스탄이 하나씩 분리되던 그 시절, 네이딘 고디머는 여전히 남아공 요하네스버그에 살고 있었다. 떠나려면 떠날 수도 있었을 것이다. 1960년대부터 유수의 문학상을 받으며 이미 인정받는 작가였고, 1974년에는 부커상까지 받았으며, 집필 외에 미국 여러 대학에서 가르치는 일도 중간중간 했으니까. 그러나 여전히 남아프리카공화국에 있었다. 작품으로, 행동으로, 그는 계속해서 아파르트헤이트와 싸우고 있었다. 당시 대부분의 책이 판금을 당하는 수준이었지만, 쓰기를 멈추지 않았다. 1991년에는 노벨상까지 수상한다.

그러나 네이딘 고디머의 시선은 세상의 평가에 있지 않았다. 네이딘 고디머는 자기 삶의 가장 자랑스러웠던 날을 1980년대의 어느 재판 날 증언대에 선 날로 꼽았다. 아파르트헤이트에 반대하여 흑인 거주 지역에서 봉기가 일어났고, 22명이 반역죄로 기소된 건이었다. 몇 년이나 늘어진 재판이었고, 재판 후기에 네이딘 고디머도 증언대에 올랐던 것이다.

같은 시기 넬슨 만델라는 옥중에 있었다. 꾸준히 아파르트헤이트에 저항하다가 1964년에 국가 반역죄로 종신형을 선고받았기 때문이다. 최후 변론 대신 빛나는 연설을 했고, 앞서 말했듯 네이딘 고디머도 그 자리에 있었다. 20년도 더 지났지만, 그의 석방은 요원해 보였다. 당시 대통령이었던 피터르 빌럼 보타는 국내 흑인 세력의 반발이 심해졌음에도 반투스탄 지역의 자치권을 확대하는 정도에서 타협하고자 했다. 그는 넬슨 만델라의 석방도 아파르트헤이트 정책의 종말도 원치 않았다.

새로운 시대를 연 사람은 다음 대통령 프레데릭 빌렘 데 클레르크였다. 그는 아파르트헤이트 시대의 마지막 대통령이 되었다. 1990년 넬슨 만델라는 마침내 감옥에서 나온다. 프레데릭 빌렘 데 클레르크 대통령과 넬슨 만델라, 두 사람은 1993년 나란히 노벨 평화상을 받는다.

석방 이후 넬슨 만델라는 아프리카 민족회의ANC의 리더로서 회의를 개최하고 임시 헌법을 만들었다. 1994년 총선으로 클레르크의 뒤를 이어 4월 27일 대통령으로 취임한 그는 바로 그날 아파르트헤이트 정책을 끝장냈다. 네이딘 고디머의 길었던 투쟁도 함께 끝났다. 이들은 비로소 이상한 나라에서 돌아왔다.

*　*　*

이제 그 모든 투쟁은 다 역사가 되었다. 평생을 투쟁과 집필에 힘쓴 네이딘 고디머도 조금은 편해지지 않았을까? 실제로 그는 집 근처 초등학교 풍경을 보며 흐뭇하게 이야기하기도 했다. 흑인과 백인 아이들이 나란히 걸어가는 모습을 보고 있노라면 새삼 놀랍다고.

그 모든 싸움은 이 작은 평화를 위한 것이었을 테니, 꿈꾸던 장면을 마침내 현실로 보게 되었으니, 감격스러울 만한 장면이다. 이쯤 되면 제법 아름다운 결말이다. 아파르트헤이트 문제가 해결되고 작가로서 성공도 거두었으니 뿌듯한 노후를 보내도 될 텐데, 그는 멈추지 않는다. 그의 예리한 시선은 뜻밖에도 에이즈를 향한다.

1990년대 에이즈는 '신의 형벌'로 알려졌다. 아직까지도 에이즈가 성 소수자들에 대한 편견에 눌어붙어 있을 때가 많지만, 현실에서는 성 소수자의 행위보다 성매매 같은 사회 문제와 결부되어 있을 때가 훨씬 더 많다. 당시에는 아직 항레트로바이러스 요법이 널리 알려지기 전이라, HIV 수치와 면역 세포 수를 조절하면서 에이즈를 관리하기 어려웠다. 사망자가 많아지면서 수많은 가족이 무너지고, '에이즈 고아'가 많아졌다. 사하라 이남 아프리카는 오늘날까지도 에이즈 감염자가 세계 최고로 많은 지역이니, 당시 에이즈는 정말 무서운 이름으로 여겨졌을 것이다.

여전히 HIV 보균자라고 하면 사회적으로 따가운 시선이 많이 꽂히지만, 사실 다른 모든 질환과 마찬가지로 HIV/에이즈 또한 질환으로만 바라보아야 한다. 모든 HIV 감염이 다 성적 문란의 결과물인 것은 아니다. 질환 뒤에는 사람이 있다. 강제로 성매매에 내몰린 소녀, 평생 남편만 바라보았는데 남편이 자살한 후에 그 이유를 알게 된 여성, 병원에 실려 갔을 때 감염된 바늘로 수혈 받은 남성 등 다양한 사람들의 이야기가 있다. 다른 질환과 마찬가지로 에이즈 또한 예방과 치료라는 대책이 중요하지, 비난과 눈총이 중요하지 않다.

아직 에이즈에 대한 공포가 과학적 지식을 압도하던 시절임에도, 네이딘 고디머는 이를 감각하고 있던 듯하다. 그는 에이즈 예방 교육과 에이즈 감염자 치료를 위해 기금을 모았고, 국가의 에이즈 관련 정책에 의견을 내기도 했다.

쉼 없이 쓰고 쉼 없이 읽었던 사람, 쉼 없이 목소리를 내고 또 쉼 없이 들었던 사람. 그의 꿈은 매일 현실에서 좌절되고 내팽개쳐지는 것이었으나, 그는 눈앞의 것이 아니라 언젠가 반드시 이루어질 날을 보고 살았다. 그리하여 절망하는 기색을 보이지 않고 늘 단단했으며,

인간을 포기하지 않았다. 그가 남긴 말과 글은 여기까지 생생한 힘을 전해, 어딘가 결여된 타인들의 허망한 면면을 들어 올린다. 시공간을 건너 지금 여기에 새로운 꿈을 전해준다. 지금 공기처럼 존재하는 어떤 차별의 시선도 언젠가 걷히는 날이 올까. 네이딘 고디머처럼 꿈을 꾼다.

카고 아이
加護亜依

그의 몰락에 책임 없는 자만 돌을 던져라

혹시 아는 일본 연예인 이름이 있다면 말해 보자.

나는 이름을 읊다가 15년 전쯤에 기억이 멈춰 있음을 깨닫는다. 마츠모토 준, 야마시타 토모히사, 뭐 이런 이름들. 예나 지금이나 우리는 케이팝(그 시절에는 주로 가요라고 불렸지만)과 드라마로 요약되는 "K-콘텐츠"의 강력한 자장 아래 있으므로, 일본 문화는 아주 보편적이라기보단 특정인들이 깊이 파는 문화라는 인식이 있다. 그런데 정말 짧게나마 일본 드라마가 상대적으로 두루두루 알려진 때가 있었다. 그게 대충 15년 전쯤이다.

아주 반짝 짧았던 시기이지만, 또래 친구들 대부분이 일본 드라마

한두 편쯤은 본 시기였다. 〈꽃보다 남자〉나 〈너는 펫〉, 〈아름다운 그대에게〉 같은 드라마가 다 그 시절 작품이다. 그 짧았던 호시절의 인기를 바탕으로 한국에서도 리메이크되었다. K-콘텐츠의 자장이 더욱 커져서 굳이 애쓰지 않으면 일본 연예계의 존재감조차 느끼기 어려운 요즘에 비하면, 적어도 당시엔 일본 연예계가 존재한다는 사실 정도는 많은 사람들이 인식하고 있었다.

카고 아이는 그 시절 존재감의 중심에 있었다. 카고 아이는 몰라도 모닝구 무스메라는 그룹명 정도는 들어보았거나, 모닝구 무스메는 몰라도 카고 아이 사진은 한 번쯤 본 사람이 많았다. 포토샵으로 연예인 사진에 화려한 효과를 입히고 글귀를 넣어 만든 이미지를 글 끝에 붙이는 게 그 시절 유행이었는데, 우리가 다 아는 국내 연예인뿐 아니라 해외 연예인이나 모델 사진도 은근히 많이 썼다. 청량한 분위기로 환한 미소를 짓는 카고 아이 사진이 여기저기 많이도 보였다.

그도 그럴 것이 그는 너무나 귀여웠다. 아직 너무 어려서 젖살이 통통한 볼, 앙증맞은 목소리, 눈을 깜빡이며 웃는 모습, 밝은 표정으로 열심히 무대에 임하는 태도는 누가 보아도 사랑스러웠다. 단연 당시 일본의 국민 아이돌이었다. 초등학생 때 데뷔했으니, 특유의 해맑아 보이는 모습이 많은 사람들 뇌리에 각인되어 있었을 것이다.

카고 아이
加護亜依

카고 아이는 이미 언급한 그룹 '모닝구 무스메'로 데뷔했다. '모닝구 무스메'는 1990년대부터 2000년대까지를 주름잡은 일본의 여자 아이돌인데, 멤버들이 기수제로 들어오고 탈퇴 대신 '졸업'을 하면서 똑같은 그룹명 안에서 멤버만 계속 바뀌는 시스템이다. 심지어 아직도 활동 중인 그룹명이라서, 이제는 모닝구 무스메 그룹보다 늦게 태어난 멤버들을 주축으로 구성되어 있다. 이러한 시스템은 장점은 데뷔와 동시에 그룹을 알리려는 노력을 하지 않아도 알려진다는 점, 단점은 그룹의 인기에 편승할 수 없이 자기 살 길을 개척해 가야 한다는 점 정도일 것이다.

특이한 점은 한국에서 도저히 먹히지 않는 시스템이라는 점이다. 아무래도 멤버 한두 명이 논란을 일으켜도 그룹은 살릴 수 있다는 점에서 운영의 편리함은 있을 것 같지만, 한국에서는 예부터 '5-1=0' 식으로, 멤버 간의 관계성을 그 무엇보다 소중히 여기는 팬 문화가 있어 그런지. 앞으로도 아이돌 문화가 남아있는 한 절대 안 통할 것 같다고 생각한다.

애프터스쿨이나 NCT 드림 같은 그룹이 이 시스템을 도입하려 노력했는데, 둘 다 인기가 많은 그룹임에도 졸업 시스템은 안착하지 못했다. 실제로 애프터스쿨은 특유의 강력한 퍼포먼스로 인기가 많았음에도 졸업 시스템이 계속 가동되면서, 대중 입장에서는 활동이 흐지부지 사라졌다는 느낌으로 아쉬움이 남았다. 멤버 두 명 남기고 다 졸업할 판이었던 NCT 드림은 결국 팬들의 항의를 받아들여 졸업했던 멤버를 다시 들이면서 결국 데뷔 당시의 멤버 조합을 그대로 고정하기로 했다.

일본에서는 모닝구 무스메 같은 졸업 시스템이 견고히 자리를 잡아, 지금도 많은 그룹이 이러한 형태로 활동하고 있다. 모닝구 무스메가 아직도 활동을 한다는 것만 봐도 그렇다. 하지만 모닝구 무스메라는 그룹의 전성기는 누가 뭐래도 카고 아이가 합류한 2000년 언저리였다. 당시 그룹에 합류한 12살 카고 아이와 13살 츠지 노조미는 특히나 찰떡 같은 조합이었다. 대중은 그가 어떤 모습으로 나와도 사랑할 것처럼 보였다.

모닝구 무스메를 졸업한 후에도 둘은 W라는 이름의 듀엣으로 함께했다. 두 사람 모두 사랑스러웠지만 이미지를 만드는 건 누가 봐도 카고 아이였다. 그렇게 카고 아이는 자신이 그룹 밖에서도 건재한 캐릭터가 되었음을 보여주었다. 인기에 끝이 없을 것처럼 보였다.

끝은 있었다. 끝의 시작은 교환일기 유출이었다. 우리나라의 일부연에 기자들이 잠복히면서 사진을 찍어 열애설을 내는 식이라면, 일본 잡지사들은 연예인 주변인에게서 사진이나 자료를 비싼 값에 사는 방식을 많이 쓴다. 몰래 사진 찍히는 것도 유쾌한 일이 아니지만, 지인이 돈 받고 넘긴 자료를 잡지에서 보게 된다면 지인에 대한 배신감까지 들어 이중의 충격이었을 것이다.

카고 아이의 어린 시절 친구가 오래 주고받은 교환일기를 넘겼다. 귀엽고 깜찍한 소녀 이미지 이면에 있던 다른 얼굴이 드러났다. 치마를 뒤집어 팬티를 보이는 안무가 창피했다든지, 가방이 핏빛으로 보인다든지... 녹록하지 않은 연예계에 사는 인간의 일기로서 그저 안쓰러운 내용이었고, 사실상 심리 케어가 필요한 상황으로 볼 수 있는 글이었다. 그러나 대중은 이를 선정적으로 소비했다. 게다가 얼마 지나지 않아, 미성년자였던 카고 아이가 담배를 피우는 사진이 잡지에 실렸다. 이 또한 사석에서 지인이 찍은 사진이었다.

연예계 사건 사고란 참 알 수 없어서, 작은 일로 죽어라 욕먹는 이도 있고 중죄를 저질러도 어영부영 넘어가는 이도 있다. 대중은 법전이 아니라 토막 난 정보와 이미지를 토대로 판단하니까. 물론 미성년자 카고 아이가 담배를 피운 건 잘못이지만, 사람들이 카고 아이에게 분노한 건 준법정신 때문이 아니었다. '해맑은 소녀' 캐릭터를 사랑하던 사람들이 괘씸죄를 부여한 거였다. 결국 소속사는 카고 아이를 자숙하도록 했고, 츠지 노조미와 함께하던 W 활동도 멈출 수밖에 없었다. 공백기를 맞은 카고 아이의 사진을 대중은 다시 잡지에서 보게 된다.

손에 담배를 든 카고 아이가 나이 든 남자와 함께 온천에서 나오는 사진이었다. 남자는 카고 아이보다 21살이나 연상이라고 했다. 카고 아이는 소속사에서 계약 해지를 당했고 대중의 시선도 차가웠다. 귀엽고 사랑스러운 카고 아이라는 아이돌의 몰락으로 보였다.

얼마 후 카고 아이는 세미누드 사진집을 냈다. 반응은 좋지 않았다. 연예인으로서 받고자 했을 사랑 대신 선정적인 구설수와 각종 카더라만 몰려 들어갔다. 얼마 후 온천에서 함께 나오던 21살 연상의 남자와 결혼했다. 그러나 남편의 가정폭력을 비롯해, 좋지 않은 소식만 종종 전해졌다. 결국 길고 복잡한 과정을 거쳐 이혼을 했다고, 가끔 잊을 만하면 그렇게 카고 아이의 이름을 들었다.

그 내내 카고 아이의 원 가족 이야기도 들었다. 그의 부모님이 어땠는지도, 그가 집에서 실질적 가장 역할을 했다는 것도. 속옷을 보이는 안무처럼, 카고 아이의 모든 면면이 다 까발려져 있었다.

동시에 사람들은 너무나 잔인하게도, 이제 조금 있으면 성인 비디오 찍겠다며 수군거렸다. 성인 비디오가 흔한 일본에서는 연예인이

카고 아이
加護亜依

몰릴 때까지 내몰렸을 때 종종 있는 일이었다. 훗날, 소속사에서 포르노 출연을 종용했으며 그래서 자살 시도까지 했다는 흉흉한 이야기가 본인 입을 통해 사실로 밝혀졌다.

*　*　*

카고 아이와 같이 데뷔해서 그룹부터 듀엣까지 함께한 츠지 노조미는 전혀 다른 길을 걸었다. 평탄한 결혼 생활을 함은 물론 자기 사업까지 확장하며 잘 나가고 있어, 함께 활동하던 시절뿐 아니라 이후로도 자연스레 대중은 그 둘을 자주 대조해 보았다. 실제로도 아마 카고 아이 같은 이들보다는 연예인이라는 자리의 특권을 잘 이용하고 누린 이들이 훨씬 많을 것이다. 보통은 연예인들이 누리는 게 더 많고, 기회도 더 많으니까. 하이 리스크 하이 리턴이기는 하지만, 일단 연예인이 되면 사회 특권층처럼 되어 버린 것 같다. 탈세나 부동산 투기에 실명이 대놓고 떠도 잘 먹고 잘 사는, 대중에게 나쁜 이미지조차 생기지 않는 사람이 얼마나 많은가.

그렇게 거의 사회 특권층이 되다시피 해서인지, 어린 나이에 데뷔한 후 삶의 어느 부분이 여전히 그 나이에 머무르는 경우가 많아서 그런지, 좋은 기회들을 스스로 날리고 눈살이 찌푸려지는 범죄를 저지르는 연예인도 있다. 그런 기사를 볼 때면 나도 고개를 절레절레 젓고, 심각한 경우에는 그들이 나올 때마다 불쾌함을 느낀다.

그러나 카고 아이는 경우가 다르다. 그가 뭘 그렇게 잘못했을까? 카고 아이는 무대 위에서 자기 역할을 잘 수행했다. 연예인이라고 그의 모든 사생활 모든 순간이 노출되어야 할 이유는 없다. 유일하게 마음을 터놓고 쓴 글이 세간의 화제가 되고, 찍히는지도 몰랐던 사진이 대문짝만 하게 실려 이러쿵저러쿵 말을 들어야 할 이유는 없다. 친척 얼굴보다 자주 본 얼굴이라 해도, 착각해선 안된다. 연예인은 대중에게 타인이다. 무대는 그의 직업이고, 무대 뒤의 시간은 온전히 그의 것이다. 내가 퇴근한 후에는 온전히 내 시간이듯이.

그 시절 모두가 본인은 '카고 아이를 안다'고 생각했을 것이다. 10명이 넘는 여자아이들이 비슷한 목소리로 카랑카랑 지저귀듯 부르는 노래를 들으면서도 카고 아이의 목소리를 쏙쏙 구분할 수 있는 사람, 카고 아이 사진을 어쩌면 카고 아이 본인보다 더 많이 본 사람도 있었을 것이다. 심지어 예능에서 보이는 모습과 인터뷰 답변 등을 통해 카고 아이의 성격마저 안다고 생각하는 이들도 꽤나 많았을 것이다. 그를 안다고, 사랑한다고 생각했을 것이다.

카고 아이
加護亜依

그게 과연 앎이었고 사랑이었는지. 어린 나이에 가족과 떨어져 사회생활을 시작했고, 가정의 문제들을 끌어안고 있었고, 남들 앞에서 웃는 만큼 혼자 쉴 시간도 필요했겠지만 그럴 틈이 없었고, 일정한 얼굴만을 드러내야 하는 생활에 지쳐버렸을 때... 그래도 여전히 정해진 역할을 잘 해냈는데, 굳이 무대 뒤의 모습까지 뒤져내어 낱낱이 밝혀낸 상황. 과연 카고 아이 잘못일까?

카고 아이는 연예인이기 이전에 12살이었고 18살이었고 22살이었다. 아무리 넉넉하게 쳐 줘도 아직 어린 나이들이다. 12살 작은 아이가 들어간 세계는 조금 다른 시계로 시간이 흐르는 곳, 조금 다른 계산기를 두드리는 사람이 넘쳐나는 곳이었다. 그곳에서 6년이 지났어도 다른 사람의 18살과는 다른 18살을 살고 있었을 것이다. 잘못은 잘못이라고 꾸짖고 그 잘못에서 배울 수 있도록 지적해줄 보호자가 없는 세계, 잘못과 "배신"에 대한 괘씸죄까지 책임을 묻는 세계에 그는 놓여 있었다.

그 세계는 세일즈의 칼 같이 잔혹한 논리가 개입되지만 동시에 예측하기 어려운 것들로 둘러싸여 있다. 그나마 예측이 가능하도록 하기 위해 연예인들은 본인이 아닌 어떤 캐릭터를 부여받는다. 카메라 앞에서 연기를 하는 이들은 배우만이 아니다. 아이돌 가수들도 그룹

안에서 역할을 잡고 최대한 그 캐릭터에 충실한 모습을 보인다. 실제 성격과 상관없이, 본인 감정과 상관없이 주어진 역할을 다해야 한다.

성격만 연기하면 다행이다. 본인의 의사와 무관한 성적 어필을 해야 할 때도 있고, 본인에겐 어디까지나 비즈니스였던 그 성적 어필 때문에 사석에서 부조리한 말이나 성희롱의 말을 듣는 일도 비일비재하다.

치마를 뒤집어 속옷을 보여주는 안무를 준비한 건 소속사, 그런 걸 보란 듯이 전시하다가 그걸 창피해하는 속내마저 까뒤집어 손가락질한 건 잡지사다. 그리고 피리 부는 사나이 따르듯 환호와 야유를 오간 건 대중이다. 게다가 치마를 뒤집어 속옷을 보여주는 안무는 일본 연예계에서 전통처럼 내려오는, 일종의 클리셰 같은 안무라는데, 그런 몰상식한 동작이 안무로 내려온다는 건 대중이 반응을 보였다는 뜻일 것이다. 대체 잘못 없는 사람 누구일까.

모두가 잘못을 하면서도, 카고 아이에게만 손가락질을 했다. 하지만 무슨 일이 일어나도 카고 아이만큼은 자기 캐릭터대로 밝은 아이여야만 했다. 우울함이나 슬픔과는 거리가 먼, 그런 건 전혀 모른다는 듯이 해맑게 웃는 아이여야만 했다. 최선을 다해 웃을 때, 카고 아이의 선택은 어디에 있었을까?

여전히 그의 근황을 조금씩은 확인할 수 있다. 폭력을 일삼던 남편과 이혼한 후 재혼하여 둘째를 낳았고, 그 후로도 나름대로 연예계 활동도 이어가고 있어 그의 블로그를 볼 수 있다. 이런저런 촬영을 했다는 글도, 2023년 아들의 입학식을 하고 왔다는 글도 올라와 있다. 5학년이라는 딸은 거의 키가 카고 아이만큼 크다. 유튜브에 검색해 보면 2019년에 츠지 노조미와 한 무대에 오른 영상도 있다.

앞으로 그의 인생이 어떻게 흘러갈지는 아무도 모른다. 더 놀라운 모습으로 대중 앞에 다시 나타날 가능성도 완전히 배제할 수는 없지만, 다른 연예인의 수많은 사례를 생각할 때, 아마 이렇게 소소한 근황을 확인할 수 있는 정도로 남을 확률이 높지 않을까? '그 시절 연예인'으로 이따금 나올 수 있겠지만, 적어도 카고 아이의 전성기와 파란만장했던 이야기는 서서히 잊힐 확률이 높다. 그저 블로그에 보이는 모습처럼, 그가 무탈하게 잘 살았으면 싶다.

그리고 이런 비슷한 이야기가 어딘가에서 반복되지 않길 바란다. 일본 연예계와 별반 다르지 않은 모습으로 치열하고 괴이한 한국 연예계 단면을 생각하면, 한 사람의 대중으로서 생각하지 않을 수 없다. 기형적인 산업을 이끌고 따라가는 이들 중 어느 누가 카고 아이의 불행에 책임 없다 할 수 있을까. 그의 몰락에 책임 없는 자만이 돌을 던질 수 있다.

카고 아이
加護亜依

주디 갈란드
Judy Garland

도로시를 아껴준 건 나쁜 마녀뿐이었다

신비로운 이야기들은 길이길이 살아 숨 쉬며 다른 이들에게 영감을 준다. 그렇게 제2, 제3의 창작으로 이어질 때조차 원작의 신선함이 줄어들지 않는다. 아무리 들여다보아도 다 본 것 같지 않은 기분, 눈을 가늘게 뜨고 좀 더 집중해서 보면 전에 못 본 무언가가 더 보일 것만 같은 기분이 들어서 어쩐지 손에서 뗄 수가 없다. 낯설고 묘한 매력이 있는 이야기들. 역시 이상한 나라를 뛰어다니는 앨리스, 그리고 신비로운 여행길에 오른 도로시가 제일 먼저 떠오른다.

두 이야기의 공통점은 배경 자체가 현실과 거리가 먼 환상이며, 등장인물들 또한 그 환상의 세계이니까 납득이 되는 인물들이기 때문일 것이다. 배경과 인물, 이야기까지 모두 몽환적으로 아름다운 이야기를 영화계가 탐내지 않았을 리 없다. 앨리스는 푸른색 드레스에 흰색 앞치마를 걸친 디즈니 애니메이션부터 미아 와시코브스카가 주연을 맡은 영화까지 다양한 모습이 떠오른다. 그러나 도로시 하면 누구나 단 하나의 영화, 단 한 사람만을 떠올릴 것이다. Over the rainbow라는 곡을 청아하게 부르던 배우 주디 갈란드의 모습이다. 사랑하지 않을 수 없는 작품, 사랑하지 않을 수 없는 모습.

〈오즈의 마법사〉 원작부터가 재해석의 여지가 많아 다채롭고 풍성하다. 금본위제와 은본위제의 대립으로 보면서 당시의 정치·경제 체제를 비판하는 작품이었다고 보는 시각도 있고, 여성 참정권 등을 암시하는 장면 등 페미니즘의 관점에서 보기도 한다. 서로의 필요에 따라 물건을 함께 나눠 쓰는 모습에서 사회주의의 공유 경제를 떠올리는 이들도 있다. 단순히 여자아이가 환상적인 모험을 하는 이야기로만 보아도 흥미롭지만, 다면적으로 살펴보면서 보물찾기 하듯 오즈의 세계를 탐험하는 것도 재미다.

그러나 정작 도로시 역할을 맡은 주디 갈란드에게는 기쁜 탐험이 아니었다. 주디 갈란드의 길에 비하면 도로시의 여정은 문자 그대로 황금 길이었다. 주디의 삶에는 황금 길도 은색 구두도 놓여 있지 않았다.

* * *

주디는 어린 나이에 연예계에 들어섰다. 주디의 부모님은 둘 다 보드빌 쇼에 종사한 배우였다. 보드빌 쇼는 노래와 춤, 연극 등 짤막한 버라이어티 쇼 여러 편을 무대에 올리는 쇼로, 무성 영화가 나오기 전까지 대중의 사랑을 받았다. 주디의 부모님은 딸 셋을 모두 보드빌 쇼 무대에 올렸다. 주디는 2살 때 처음으로 무대에 올라, 언니들과 함께 징글벨을 불렀다. 어머니가 피아노를 치고 딸들은 노래를 부르면서, 그렇게 주디는 '커리어'를 쌓기 시작했다.

어머니는 본인이 못다 이룬 꿈을, 딸을 통해서 이루고자 했던 것 같다. 1930년대 마침내 MGM이라는 대형 소속사와 계약을 맺지만, 주디가 데뷔한 해에 아버지는 세상을 떠났고 어머니는 보호자 역할을 전혀 하지 않았다. 문제는 업계에 성 착취나 약물 사용이 횡행하고 있었다는 점이다. 주디는 소속사의 보호도 부모님의 보호도 받지 못한 채 기묘한 사회에 내몰린 어린아이일 뿐이었다.

주디는 관능적인 느낌보다는 깜찍한 느낌이 강해, 당대에 선호하던 주연 이미지가 아니었다고 한다. 그래서 데뷔 초기에는 "큰" 배역을 많이 맡지 못했다. 주디의 어머니는 딸을 "성공"시키겠다는 미명 하에 주디를 약물이나 성 접대 자리로 내몰았다. 감독들이 성 접대를 받는 일, 자연스러운 연기를 시킨다는 명목으로 어린 배우에게 약물을 사용하는 일... 이런 끔찍한 일이 당시 할리우드에선 공공연히 일어나고 있었다. 〈오즈의 마법사〉 현장도 별반 다르지 않았다.

주디는 〈오즈의 마법사〉 촬영 내내 약물로 수면 시간을 조절했고, "어린" "여자"가 주연을 맡았다는 점을 질투한 성인 남자 배우들에게서 괴롭힘도 당했다. 여기서 말하는 '성인 남자 배우'들은 영화 속에서 내내 도로시의 도움을 받아 소원을 이룬 양철 로봇, 사자, 허수아비 역할의 배우들이다. 은막 위와 그 이면이 너무 정반대라서 소름이 끼치지 않을 수가 없다. 주디에게 담배 80개비를 피우게 강요했다는 일화도 유명한데, "지어낼 거면 좀 그럴듯하게 지어내야지... 담배 80개비라니 말이 되나?" 싶게 비상식적이지만, 아무리 찾아봐도 다이어트를 목적으로 한 실화였다는 말밖에 나오지 않아 참담하다.

숨 가쁘게 돌아가는 촬영장에서 정상적인 청소년이 누려야 할 규칙적인 수면을 보장 받긴 힘들었겠다 싶을 수 있지만, 주디 상황은 그 수준이 아니었다. 배우 몸 상태를 전혀 고려하지 않은 채 무턱대고 약을 써댔다. 촬영장 대부분이 주디에게 우호적인 입장이 아니었던 걸 생각하면, 해줄 수 있는 스케줄 조정도 해주지 않았을 공산이 훨씬 높다. 촬영 현장에서 주디를 다정하게 대한 인물은 서쪽의 나쁜 마녀 역할을 맡은 마가렛 해밀턴뿐이었다는 말을 듣고 있노라면, 도로시를 둘러싼 오즈의 세계가 얼마나 허울뿐인 모습이었는지 느껴진다.

도로시의 세계를 벗어나서도 주디 갈란드는 황금 길을 찾지 못했다. 소속사와 주디의 어머니, 영화계 인물들은 계속해서 주디를 약물에 절여 놓았다. 사람이 아니라 상품 취급이었고, 주디가 아닌 돈만 바라보고 있었으며, 사람을 도구적으로 대하는 수많은 못된 방법 중에서도 최악의 방식이었다.

학대만 받은 사람의 삶이 어떻게 정상적일 수 있을까. 신경쇠약, 약물과 알코올 중독, 자살 시도 등으로 주디의 이십 대는 한없이 불안정했다. 그러나 스크린 위에선 또 다른 존재여서, 출연작마다 흥행의 연속이었다. 누가 봐도 쉼이 필요한 존재였지만, 소속사는 주디의 내면이 덜그럭거리든 말든 죽어라 끌고 다니기 바빴다. 이런 표현을 쓰고 싶지는 않지만, 단물을 뽑아 먹을 만큼 뽑아 먹은 후에야 주디를 놓아주었다. 그 후 주디는 어머니와도 멀어진다.

영화를 떠났어도 주디는 여전히 건재한 스타였다. 무대에도 오르고 텔레비전 쇼에도 출연했으며 음반도 냈다. 공적인 세계에서 주디는 더없이 강력했지만, 무대 뒤 본인의 일상은 어린 시절부터 허물어진 상태 그대로였다. 여러 번의 결혼과 이혼은 그 숫자보다도 이유와 내막이 하나같이 죄다 씁쓸하다. 폭행과 도박, 남편의 외도, 주디의 약물 중독 상태… 심지어 어떤 남편은 사위와 눈이 맞아 떠나갔는데, 그때도 주디는 말없이 보내주었다 한다. 알코올과 약물 중독은 더욱 심해져 갔다. 어린 시절부터 이용하기 편하도록 주디의 몸에 약물을 밀어 넣은 이들은 그의 마음에도 그 못지않게 해로운 것들을 주입했다.

주디는 은막의 스타였지만, 그를 바라보며 배우의 꿈을 키우거나 행복해한 사람들이 많았겠지만, 정작 그는 스스로를 사랑할 수 없을 만큼 병들고 지친 상태였다. 스스로를 사랑할 수 없으니, 타인이 주는 환호 소리가 마음에 건강한 자존감으로 쌓일 리 없었다. 다양한 사람을 만나면서도 그는 평생 애정 결핍에 허덕였다. 게다가 그의 몸은 타인의 사랑보다 약물에 더 익숙했다.

결코 정상적이라고 느껴지지 않는 이력에도 불구하고 주디가 삶에 최선을 다했다는 느낌이 곳곳에서 풍긴다. 무대 위에서, 스크린 위에서 전혀 다른 모습을 보이는 주디 자체가 그 증거다. 그 불안정한 와중에도 마치 다른 사람처럼 노래하고 연기하며 무대에 올랐다.

애초에 자기가 걷던 길을 떠나는 방법을 배워 보지 못한 거라고 생각할 수도 있지만, 소속사와 결별한 후 어머니와 남남이 된 걸 보면 주디도 나름대로 자기 삶을 불우하게 만드는 원천을 제게서 꺾어내는 결정을 내릴 수 있었다. 오랜 세월 학대 당한 사람이 그 학대에서 벗어나는 게 얼마나 어려운 일인지 생각하면, 어머니와 남남이 되었다는 그 짧은 문장 뒤에서 그가 겪었을 감정들이 더욱 마음 아프게 다가온다. 그는 평생 스스로이고자 최선을 다했다. 그 목소리를 우리는 지금도 종종 듣는다.

주디 갈란드가 부른 노래 중에는 단연 Over the Rainbow가 가장 유명하지만, 연말이 되면 은은하게 울려 퍼지는 Have Yourself a Merry Little Christmas 또한 주디 갈란드의 곡이다. 이 곡을 들으면 언제나 따뜻한 촛불 앞에 앉은 듯한 기분이다. 연말 노래라 더 그런 것도 같지만, 멜로디나 가사도 워낙 다정한 노래다.

주디 갈란드가 여전히 우리에게 다정한 선물을 남겨둔 것을 보며, 연예인이라는 직업이 사회에 남기는 가장 좋은 영향력은 연예인 본연의 일, 즉 작품이라는 생각을 해 본다. 이렇게 소중한 재능을 가진 이들이 성폭력과 약물에 휩쓸려 소리 없이 사라질 수도 있는 현실이

주디 갈란드
Judy Garland

여전히 남아 있다는 게 가슴 아프다.

* * *

프랑스 배우 레아 세이두는 그야말로 영화계의 "금수저"다. 증조할아버지와 할아버지가 유력 영화사 하나씩을 운영하고 있고, 다른 가족들도 실제로 큼직큼직한 기업을 이끌고 있다. 재산과 영화계 인맥을 모두 가졌는데 본인 역량도 탁월해서, 작품마다 강한 인상을 남겼다. 그중에서도 〈가장 따뜻한 색, 블루〉는 칸 영화제에서 황금종려상을 수상할 때 이례적으로 감독뿐 아니라 배우들 공이라고 콕 집어 이름이 언급됐다.

그런 레아 세이두조차 자기가 하비 와인스타인의 피해자 자리에 놓인 적 있다고 폭로했다. 실력과 명성은 물론 재산과 인맥까지 다 가진 배우조차 그의 물리력과 영향력 앞에 두려움을 느꼈다고 고백한 것이다. 레아 세이두가 그렇게 말할 정도라면 다른 사람들은 어떤 감정을 느끼는지, "운이 나쁘면" 어떤 일을 겪는지 생각하고 싶지도 않다.

이후 레아 세이두를 비롯한 다른 배우와 스태프들을 중심으로 〈가장 따뜻한 색, 블루〉 감독에 대한 폭로가 알려졌다. 너무 긴 근로 시간이 강요된 점, 장시간 동안 노골적으로 성애 장면을 촬영한 점 등 다방면으로 논란이 일었고, 감독은 절대 아니라고 재차 반박했다. 그러나 반박이 무색하게 얼마 후 우리는 그 이름을 성폭행으로 피소되었다는 기사에서 다시 보게 된다. 여러 모로 씁쓸하다. 주디가 살던 시절에서 우리는 과연 얼마나 멀어졌을까?

〈타오르는 여인의 초상〉으로 국내에도 잘 알려진 아델 에넬은 아예 영화계 은퇴를 선언했다. 2022년까지만 해도 셀린 시아마 감독을 비롯해 잘 맞는 사람들과는 조금 작업할 수도 있지만 웬만하면 하지 않을 거라는 정도로 이야기했는데, 2023년에는 공식적으로 영화계를 박차고 나선 것이다.

2002년 영화 〈악마들〉로 데뷔하여, 십 대 시절부터 꾸준히 연기해 온 그다. 치열한 생의 문을 두드린 〈120 BPM〉이나 다르덴 형제다운 방식으로 삶의 선택을 고민하게 만든 〈언노운 걸〉 같은 수작을 뒤로하고 업계를 떠나기엔 아직 너무 젊은 나이다. 〈워터 릴리스〉를 통해 여성과 몸에 대해 생각해 보게 만들었던, 〈타오르는 여인의 초상〉으로 연대와 예술과 사랑의 완벽한 합주를 보여주었던 배우라서, 그를 더 이상 영화에서 볼 수 없다는 사실이 더욱 아쉽다.

주디 갈란드
Judy Garland

그가 영화계를 떠나는 이유는 철저하게 성차별 때문이다. 그는 데 뷔작 〈악마들〉의 크리스토프 뤼지아 감독의 성추행과 성희롱을 고발 했다. 15살 때 뤼지아 감독을 끊어내기 위해 도움을 요청했을 때는 필 요한 손길이 제때 닿지 않았지만, 이번에는 현장에 있던 다른 배우와 스태프들의 증언도 뒤따랐다. 뤼지아 감독은 성추행이 아니었다고 하면서도 "실수"에 대해서 용서를 구했다. 이후 프랑스 영화감독 조합 에서는 뤼지아 감독 제명 절차를 밟기 시작했지만, 세상의 방향성 자 체는 크게 변하지 않았다.

2020년 세자르 영화제에서 로만 폴란스키 감독이 수상했을 때, 아 델 에넬은 수치스럽다고 외치며 벌떡 일어나 자리를 나갔다. 홀을 벗 어나서도 "소아성애자 브라보!"라고 꼬집어 외쳤지만, 힘차게 상황을 비트는 그의 목소리는 어쩐지 슬프게 들렸다. 로만 폴란스키 감독은 아동 성범죄자로 알려질 만큼 알려진 사람이지만, 로만 폴란스키 감 독의 개인사와 예술성을 근거로 그를 옹호하는 목소리를 냈던 영화 인의 이름이 너무 많았다. 그 중에는 우리가 사랑한 이름들도 있어 더 욱 쓸쓸하다.

하지만 아델 에넬과 마찬가지로, 로만 폴란스키를 쉽게 용서하지 않은 사람들이 있었다. 그 날 뉴스에는 자리를 박차고 나오는 아델 에

넬, 뒤를 따르는 셀린 시아마 감독의 모습과 함께, 세자르 영화제 바깥에서 불을 지르고 항의를 하는 사람들의 모습이 방송되었다. 세자르 영화제는 스스로에게 먹칠을 하는 선택을 한 셈이다.

아델 에넬은 환멸을 느끼던 세계를 떠나가는 만큼, 앞으로 자신이 행복할 수 있는 세계를 하루하루 만들어 가고 찾아갈 것이다. 그러나 갑작스럽게 아델 에넬이라는 좋은 배우를 잃은 우리는? 성범죄자가 떠나야지 왜 그들을 고발하고 목소리 낸 사람이 환멸을 느껴야 할까.

* * *

주디의 생애를 휘청거리게 했던 사람들의 마음을 생각한다. 그들이 추구한 것은 아주 작은 순간들에 지나지 않는다. 짧은 순간들을 위해 타인의 생애를 아무렇게나 취급한 셈이다. 인간을 수단이 아닌 목적으로 대우하라고 했던 칸트의 말을 떠올려 본다. 성범죄, 성 착취의 기저에는 사람을 사람으로 대하지 않는 오만함이 있다. 그러므로 성범죄는 성욕이나 본능의 문제가 아닌, 인격과 지능의 문제이다.

연예계는 본질적으로 보이는 면과 보이지 않는 면을 품는 곳이다. 카메라 앞에 서는 사람과 뒤에 서는 사람이 있고, 카메라와 멀리 떨어져 서는 사람들도 있다. 거기에 너무 많은 자본과 사람들의 시선까지 모여 있어, 피해자가 되는 입장에서는 자신을 지키기가 정말 쉽지 않다. 그러면서도 꿋꿋하게 자기 예술을 해내고 목소리를 낸 사람들을 생각하면 착잡해지곤 한다.

그럴 때면 주디를 떠올린다. 떠밀리고 떠밀리면서도 최선을 다했던 주디처럼, 누군가 다정한 노래를 또 마음 다한 연기를 작품으로 남기고 있을 것이기에. 너무 거대한 범죄가 연루되어 있어 나약하게 느껴지기도 하지만, 주디가 부른 노래 가사처럼 행복한 작은 파랑새들이 무지개 넘어 날아갈 수 있다면 우리라고 못 할 건 또 뭘까. "무지개 넘어 저기 어딘가 하늘이 푸른 곳, 감히 품었던 꿈들이 모두 이루어지는 곳"에서 "구름은 저 멀리 아래에 있고 괴로움은 레몬 사탕처럼 녹아내리는" 날이 또 있을 것이다. 그날까지 누군가 어디선가 계속 노래를 부르고, 연기를 펼치고 있을 것이다. 예술가가 예술 하는, 단순한 세상을 꿈꿔본다.

실비아 플라스
Sylvia Plath

신을 찾았지만 하늘은 텅 비어 있었고

미국에 한 전도유망한 여성이 있었다. 8살 나이로 시를 발표했을 만큼 타고난 시인에다가, 유수의 대학에서도 두각을 드러낼 만큼 평생 우수한 성적을 받았다. 그 와중에도 쉬지 않고 방학 때 여성지 인턴을 할 정도로 적극적인 면이 있었다. 대학을 졸업하고는 장학금까지 받으며 영국 유학 길에 올랐고, 그곳에서 준수한 청년을 만나 결혼했다. 그 청년도 시인이 되면서 이 둘은 젊고 아름답고 지적인 시인 부부로 이름을 알렸다.

그러나 그는 첫 시를 발표한 다음 해 9살 나이로 첫 자살 시도를 했다고 말했다. 9살이 자살을 시도했다는 것도 슬프고 충격적인데, 이후 화려한 도시 뉴욕에서 여성지 인턴 생활을 마치고 돌아오자마자, 즉 남들 눈에는 눈부신 성공의 순간으로만 보였을 때 또 자살을 시도 했다.

이러한 자살 시도는 길지 않은 삶 내도록 꾸준히 이어졌다. 훗날 준수한 문학청년인 줄로만 알았던 남편의 외도로 결혼 생활이 산산 조각 났는데, 그 후 한 번 더 시도한 자살이 기어코는 '성공'했다. 그것 도 아주 충격적인 방법으로.

미국의 시인, 실비아 플라스의 이야기다.

*＊＊

실비아 플라스의 아버지 오토 플라스는 독일계 미국인으로, 벌 연 구에 일가견이 있는 생물 교수였다. 어머니인 오렐리아와는 무려 20살 차이였다. 학생이었던 오렐리아에게 사랑을 고백한 후 원래 아내와 이혼한 다음 오렐리아와 재혼하는 놀라운 행보를 착착 보였다. 어떤 재혼 생활을 상상했는지 몰라도, 그 생활을 현실에서 오래 누리지는 못했을 것이다. 딸 실비아와 아들 워렌까지 세상에 태어나고 얼마 지 나지 않았을 때, 병에 걸렸기 때문이다. 사실은 당뇨 합병증이었으나

오토 플라스는 자신이 폐암에 걸렸다고 굳게 믿었다. 얼마 전에 폐암으로 죽은 친구 증상과 자기 증상이 비슷하다는 게 이유였다. 그는 가망이 없다고 생각해 치료를 거부했고 결국 죽음에 이르렀다.

그때 실비아는 고작 여덟 살이었다. 나이 차이가 크게 나는 데다가 원래 스승과 제자 관계에서 시작되었던 부모님의 관계에서 얼핏 엿본 권위적인 가족상, 그나마도 아버지의 죽음으로 너무나 빨리 끝나 버렸다는 점이 실비아의 평생에 트라우마처럼 남아 영향을 끼쳤다.

조심스레 추측해 보면, 아마 무언가가 뚝 끊어지는 듯한 기분을 느낀 것 같다. 그 이후 실비아의 일기를 보면, 신을 찾지만 답변이 없고 자기의 외로움만이 그대로 남아 있다는 것을 암시하는 구절이 많다. 두꺼운 일기를 차차 읽어 내려가다 보면, 그가 말하는 신이란 결국 권위적인 모습만 보여주다 금세 사라져 버린 아버지의 치환이 아닌가 하는 생각이 든다.

8살 때 시를 기고한 후로도 실비아는 여러 잡지와 일간지에 시를 냈다. 공부도 곧잘 했고, 미술에도 재능을 보였다. 못하는 거 없이 다 재다능하고, 세간의 '미의 기준'에 부합하는 밝은 외모를 갖고 있었으므로, 그에게 호감을 표하는 사람도 많았다. 비록 실비아의 내면에는 걷히지 않는 우울이 도사리고 있었지만, 외면은 화사하고 고고하게만 보였다.

자살 시도가 실패로 돌아갈 때마다 마치 아무 일도 없었던 것처럼 실비아는 계속 살아갔다. 겉보기에는 성공 가도가 이어져 갔다. 이제 그는 영국 유학 길에서 당시 대학생이었던 테드 휴즈를 만났다. 훗날 영국 계관 시인이 될, 시를 사랑하는 청년이었다. 두 사람은 만난 지 넉 달 만에 결혼식을 올렸다. 아일랜드 작가 제임스 조이스의 〈율리시스〉에 나오는 하루이자 제임스 조이스를 기념하는 날인 블룸스 데이 Bloomsday (6월16일)를 부러 결혼식 날로 정했다. 그야말로 문학청년들의 결혼이었다. 그대로 잡지에 실으면 화보가 될 것 같은 아름다운 풍경이었다.

1960년은 실비아의 삶에 중요한 첫 열매들이 맺힌 해였다. 큰딸 프리다도 실비아의 첫 시집도 세상에 나온 해였으니까. 작가로서도 가족 구성원으로서도 바쁘게 삶을 꾸려 나갔다. 또 한 해가 지나서 1962년, 이번에는 아들이 태어났다. 그리고 테드 휴즈는 벌을 키우기 시작했다. 첫째로는 딸을, 둘째로는 아들을 두고, 벌을 키우는 남자. 아버지와 겹쳐 보이는 남편의 모습을 볼 때 실비아는 어떤 느낌이었을까?

이즈음의 실비아는 바쁘고 평범해 보이지만, 실비아의 내면에 있는 어떤 것들은 벌처럼 윙윙거리며 실비아 주변을 맴돌고 있었다. 실비아는 이때 있었던 교통사고도 사실은 자살 시도였다고 기록했다. 이후 실비아의 시에도 벌이 심심찮게 등장한다.

그리고 얼마 지나지 않아 실비아는 충격적인 사실을 알게 되었다. 테드 휴즈가 불륜을 저지르고 있다는 사실을. 상대는 작년에 집을 빌려준 부부의 부인 아씨아 웨빌이었다. 결국 날씨가 갈수록 추워지던 12월, 실비아는 아이들만 데리고 런던으로 이사했다. 집에 얽힌 불쾌한 기억을 뒤로 한 채. 이 시기도 실비아가 다작多作한 시기에 속한다.

당시 런던은 "100년 만에 찾아온 강추위"에 시달리고 있었다. 도시 전체를 꽁꽁 얼리는 동장군 앞에서 실비아의 우울증이 깊어 갔다. 배수관이 얼거나 아이들이 아프거나 하는 날들이 피로하게 이어졌다. 실비아는 약을 먹거나 차를 강으로 운전하는 등의 방식으로 몇 번이나 자살을 시도했다.

그러다 어느 날, 아이들이 낮잠을 자고 있을 때였다. 실비아는 아이들이 잠에서 깨면 먹을 간식을 준비해 둔 뒤 아이들의 방을 테이프로 잘 막고, 가스 오븐에 머리를 넣어 자살했다. 1963년, 30살 젊은 실비아 플라스는 그렇게 질식사했다. 이후 한 평론가는 이 자살이 "도움을 요청했으나 응답받지 못한 것"이라고 평했다. 나도 그렇게 생각한다.

실비아가 죽고 나서 테드 휴즈는 아이들을 데려갔다. 아이들이 태어난 집이었지만, 테드 휴즈의 불륜 상대였던 아씨아 웨빌이 이혼도 하지 않은 상태로 같이 살고 있는 집이기도 했다. 실비아가 자살할 때 아씨아는 테드의 아이를 밴 상태였는데, 실비아의 자살 소식이 너무 충격적이었던지 유산을 했다. 이후 아씨아는 이미 이 세상 사람이 아닌 실비아의 존재에 거의 집착 가까운 마음을 보인다. 몇 년 후 자기 딸을 죽이고 실비아 플라스와 똑같은 방식으로 자살하면서 세간의 화제가 되었다. 여러모로 착잡한 이야기다.

두 여자가 똑같은 방식으로 세상을 떠났음에도 테드 휴즈의 이름은 길이길이 잘 살아남아 극찬과 욕을 동시에 먹는 이름이 되었다. 결혼도 다시 했으며 시인으로서도 잘 나갔다. 영문학을 공부하는 사람들 중에는 테드 휴즈를 동시대 최고의 문인으로 꼽는 사람도 많다. 내가 학부 때 배운 교수님 중에도 그런 분이 계셔서 테드 휴즈가 쓴 책 한 권이 우리 집에도 있다. 오래 전 절판된 낡은 책이라 그런가, 책을 닫으며 덧붙인 역자 해설이 참 흥미롭다.

"... 이 두 사람의 탁월한 시인의 결합은 단순한 공동생활을 뛰어넘어 서로 영향을 주기도 하고 격려를 하기도 하며 각자 작품을 쓸 수 있도록 한 반면 결국에 가서는 단지 〈글을 쓰기 위하여〉 결별하지 않을 수 없는 상황에 이르게 하기도 했다. 그 상황은 결국 실비아 플라스의 자살로 비극적인 종말을 맞게 된다."

아마 이 책을 번역하신 분께서는 두 사람의 이야기가 시 자체와는 무관한 선정적인 이야기라고, 오히려 시 쓰는 법을 가르치는 책의 본 목적을 흐린다고 판단해 자세히 넣지 않으셨으리라 감히 추측해 본다. 매우 오래된 책이라 사회 변화를 감안하면 더더욱 그 심정은 이해가 가지만, 마치 물의를 일으킨 연예인을 위해 내놓는 연예 기획사의 공식 입장 같은 느낌을 주는 문구다. "글을 쓰기 위하여 결별하지 않을 수 없는 상황"이라니. 마치 "음악으로 보답하겠습니다"처럼 누군가의 잘못을 싹 지워낸 말이다.

글만 보아서는 무슨 잘못을 했다는 건지, 자기 잘못을 인정하기는 하는 건지조차 파악이 어려울 만큼, 일부러 애매한 말로 얼버무려 놓은 그런 사과문 같다. 요즘도 물의를 일으킨 몇몇 연예인이 아주 모호한 말만 골라 넣은 인스타그램 사과문을 올리지만, 반응은 대부분 좋지 않다. 이런 말은 얼마나 무의미한가 하고 생각해 본다.

게다가 테드 휴즈는 실비아 플라스 사후 실비아의 글을 제 손으로 직접 엮어 욕을 먹었다. 실비아가 배열한 순서를 마구 섞어서 실비아가 원했던 의미를 희석시켰고, 이후 출판된 실비아 플라스의 일기에도 손을 댔다는 의혹이 있다. 실비아 플라스를 사랑하는 독자들은 테드 휴즈의 그런 행태에 매우 분노해 실비아 플라스의 무덤에 찾아가 '휴즈'라는 성을 지워 버리기까지 했다. 세월이 모든 감정을 흐릿하게 만든 지금도 테드 휴즈의 이름은 영광과 저주 사이 어딘가에 걸려 있을 것이다.

실비아의 '죽음'을 테드 휴즈 탓으로만 몰아갈 수는 없다. 실비아의 죽음은 차라리 아주 오래전 시작되어 그때 종결된, 긴긴 사건에 가까웠다. 그는 어렸을 때부터 이미 불안과 우울로 잠식되어 있었고, 그 흔적을 일기 곳곳에서 볼 수 있으니까. 다만 우리는 테즈 휴즈를 비난하는 걸로 이 비극적 이야기를 흘려 넘기기가 너무 쉽다. 사진 속의 실비아는 너무나 환하게 웃고 있어서, 마치 잡지 속의 여성 모델처럼 자신만만하게 보이고, 테드 휴즈는 아무튼 큰 잘못을 했으니까. 실비아의 자살 방식이 워낙 독특하여, 한 번 들으면 잊히지 않을 만큼 충격적이고, 불륜이 얽힌 이야기라서 호사가들의 시선을 끄는 면이 있으니까. 그렇게 그냥 선정적으로만 소비되기 쉬우니까.

그러나 실비아는 단지 남편의 배신으로 사랑을 잃고 자살한 여자가 아니다. 실비아의 절망은 단순히 여자와 남자의 사랑에만 원인을 두고 있지 않다. 실비아의 일기와 문학을 토대로 과감하게 추측해 보면, 테드 휴즈의 영향력보다 큰 그 어떤 것이 이미 발자국을 찍었다.

실비아를 짓누른 무게를 나는 그 아버지에게서 찾는다. 아버지를 죽였어야 했는데 그럴 시간이 없었다는, 실비아의 시구를 아시는지. 항상 당당한 미소를 짓는 것처럼 보였던 실비아의 뒷면에는 무언가가 결여되어 있었다. 자기를 뚝 끊어내고 홀연히 떠나가는 그림자에는 익숙했어도, 자기 이야기를 들어주고 언제나 든든하게 기댈 곳이 되어 주는 그림자를 평생 갖지 못했기에 불안했던 것은 아닌지. 실비아 플라스의 "신에게 말을 걸지만, 하늘은 텅 비어 있었다"는 말은 무신론자들 입에서 너무 쉽게 인용되어 왔지만, 그 말을 하는 실비아의 마음이 더없이 공허했으리라 생각하면 가볍게 읽을 수만은 없다.

실비아가 남긴 글을 보면 너무나도 어린 나이에 기댈 곳을 잃고 다시는 기댈 곳을 찾지 못한 사람 특유의 꼿꼿함이 보인다. 누구에게도 기대하지 않으면 실망할 일도 없다는 말, 세상이 나를 건드리게 두느니 아무것도 느끼지 않는 게 더 안전하리라는 말, 내 안에 잠자고 있는 어둠에 스스로도 두려워진다는 말을 그의 일기에서 하나씩 읽어내리며 나는 그런 실비아를 연민한다. 그 말은 나의 사춘기 한구석에도 엇비슷하게 놓여 본 적 있는 말이기에.

***

자기 내면에 고요해지지 않는 목소리가 늘 있기 때문에 글을 쓴다던 실비아 플라스는 일기 곳곳에 사랑받고 싶었다는 마음을 소리치듯 풀어놓았다. 역설적으로 불안의 끝에 몰려 자살 시도를 할 즈음의 글이 가장 좋은 평가를 받았지만, 다 사후의 일이다. 정작 실비아 생전에는 일기장 속 그 마음에 응답해 주는 사람이 없었다.

이미 지나간 삶의 궤도는 바꿀 수 없고, 진작 고인이 된 실비아의 삶은 위로할 수 없다. 사실 온 세상 모두가 온전히 행복한 유토피아 같은 건 영영 오지 않을 것이다. 그러나 바라건대 나의 사춘기가 그러했듯, 지금 비슷한 공허함 속에 있을 누군가가 있다면 그에게는 위로의 목소리가 곁에 있었으면 한다. 꼿꼿하게 서 있는 것도 좋은 일이지만 아주 가끔 세상이 무너지는 기분이 들 것 같은 날 하루쯤은 기대

쉴 수 있도록. 그가 실비아처럼 멀리 날아가 버리기 전에.

풀란 데비
Phoolan Devi

'밴디드 퀸'의 싸움

풀란 데비. 우리에게는 생소한 이름이지만, 그가 나고 자란 인도에서는 강렬하게 각인된 이름이다. 풀란이 버젓이 살아 있던 1994년에 이미 〈밴디트 퀸〉이라는 제목으로 전기 영화가 만들어졌을 정도다. 살아 있는 사람을 대상으로 한 전기 영화라니 좀 의외지만, 그의 인생을 보면 영화계에서 보인 관심이 이해된다. 웬만한 플롯으로는 명함 내밀 수 없을 만큼 극적이고 맹렬한 삶이었다.

풀란 데비는 북인도의 어느 가난한 농가에서 태어났다. 돈도 없고 카스트도 낮은 집에서 여성으로 태어났으니, 쉽지 않은 삶이 기다리고 있는 거나 다름없었다. 지금도 많은 인도 가정에서는 딸이 태어나면 돈 걱정부터 하는데, 결혼할 때 남편 집에 지참금을 내야 하는 문화 때문이다. 지참금은 단순한 '결혼 자금' 혹은 '혼수' 정도가 아니다.

북인도에서 여자아이들을 위한 고아원을 운영하는 사람에게 "왜 여자아이들만 있는 고아원으로 만드셨나요?" 질문했다가, 지참금 문제 때문에 태어나자마자 버려지는 여자아이가 너무 많아서 그랬다는 대답을 들은 적이 있다. 그만큼 집안 기둥뿌리를 들어먹을 부담을 안기는 문화이기도 하고, 무엇보다도 수많은 가정 폭력의 발상이 되고 있다.

지참금을 더 끌어내려고 신부 가족을 협박하거나 모욕하거나 신부에게 폭력을 행사하는 신랑 이야기는 너무 흔해 이야깃거리도 되지 않는다. 신부 가족은 신부의 안전한 결혼 생활을 위해 지참금을 최대한 '제대로' 갖추려 애쓰지만, 그 노력이 미래를 꼭 보장하지는 않는다. 불합리한 부부 관계가 사회 구조로 형성되어 있다는 점이 핵심이기 때문이다.

만일 단순히 돈의 방향과 액수가 문제의 핵심이었다면, 신부가 신랑 측에 지참금을 내는 문에서나 반대로 신랑이 신부 측에 지참금을 내는 문화에서나 가정폭력 주 피해자가 동일하게 여성인 점을 설명할 수 없다. "내가 돈 주고 사 온" 취급, 혹은 "돈도 충분히 가져오지 않은" 취급. 어느 쪽이든 끌어 붙이는 근거가 다를 뿐 핵심은 같다. 결국 중요한 건 돈이 아니라 사람을 바라보는 방향이고, 그런 마음이 사회 구조처럼 짜여 있는 상황에서 지참금 액수 차이로는 문제를 온전히 해결할 수 없다. 개인의 노력만으로 사회 문제를 불식할 수는 없는 것 이다.

이런 불평등 구조가 으레 그렇듯, 인도 여성으로서는 지참금 문제 에서 도망칠 선택지가 별로 없다. 자신의 안전을 위해서라면 지참금 을 안 할 수 없고, 그렇다고 결혼을 안 하는 것조차 (특히 시골로 들어갈수록) 인도 문화에서는 아직 온전히 자유로운 선택지라 하기 어려우니까. 물론 평범하게 결혼해 잘 사는 집도 많고, 가정을 아름답게 가꾸어 가 는 인도 부부들도 많다. 그러나 재력, 남편과 시집 식구들의 인성, 지 역, 종교, 이웃들의 성격 등 삶을 이루고 있는 촘촘한 요건 중 하나만 틀어져도 괴로워질 수 있다는 것 또한 사실이다.

가정 폭력, 조롱, 사소한 트집을 잡아 여성을 버리는 경우, 시달리 다 못한 여성이 자살을 시도하는 경우, 혹은 남성이 여성을 죽이는 일 등... "지참금 범죄dowry crime"는 유형도 다양하다. 지참금 문화 때문에 아내를 진심으로 "배우자"로 여기기보다 "돈 갖고 들어오는 노예"쯤 으로 여기는 미개한 남성들이 너무나 많다. 물론 성차별에는 지참금

풀란 데비
Phoolan Devi

말고도 여러 이유가 복합적으로 작용하지만, 신부 지참금이 가족 내에서 여성의 지위를 불합리하게 낮추는 데 큰 역할을 하고 있는 것만은 분명하다.

모든 인도 사람이 다 지참금 문화 안에 있는 것은 아니다. 종교나 문화에 따라 지참금 없이 결혼하는 사람들도 많다. 사회 일각에서도 지참금의 폐해를 인식하고 비판하는 목소리가 거세게 나왔고, 지참금 금지법이 생기는 등 조금씩 결실도 있었다. 그러나 풀란이 태어난 20세기 중반, 법은 멀고 주먹은 가까웠던 시골 마을에서는 요원한 이야기였다.

그러니 풀란도 태어날 때부터 부모님께 지참금 걱정을 안긴 딸이었을 것이다. 언니가 셋이나 있었으니 더했을 것이다. 게다가 풀란 가족은 삼촌네 가족과 땅을 두고 분란을 겪고 있었다.

풀란은 아마 어릴 때부터 강단 있는 성격이었던 것 같다. 재산 다툼으로 계속 관계가 좋지 않았던 사촌들과 제법 거칠게 분란을 겪기도 했고, 비키라고 나오라고 하는 어른들 말을 다 무시하고 밭에 앉아서 콩을 까먹기도 했다. 우리 가족 거니까 먹어도 된다고 말하며, 저항의 의미로 콩을 씹고 있었을 풀란의 표정을 상상해 본다. 풀란의 저항은 받아들여지지 않았다. 풀란은 그날 의식을 잃을 때까지 폭행당했다고 한다.

풀란은 11살이라는 어린 나이에 결혼하게 된다. 그런데 어찌 된 일일까? 통념과는 반대로 풀란은 지참금을 내어주며 결혼한 게 아니라 오히려 친정에 소 한 마리와 자전거 한 대, 약간의 돈까지 안겨주며 결혼했다.

이를 결혼이라 불러도 될지 모르겠다. 풀란네 집보다 카스트가 조금 높은 남성이 자기보다 20살 가량 어린 11살 풀란과 결혼하겠다고 돈을 냈고, 가족들은 그 돈에 풀란을 넘긴 것이다. 지참금이 적다고 살해당하는 일도 이따금 발생하는 나라에서, 지참금을 받는 대신 오히려 신부네 집에 재산을 내어주었으니 그 남편에게 풀란은 얼마나 낮은 존재였을지 쉽게 상상할 수 있을 것이다.

남편은 풀란을 학대했다. 이는 가정폭력인 동시에 아동학대다. 풀란도 아내의 역할은 어때야 한다는 식으로 들은 가닥이 있으니, 처음에는 남편의 폭력을 견디려 애썼지만, 결국 몇 번이고 집 밖으로 뛰쳐나갔다. 폭력에 저항할 줄 아는 마음을 이미 가진 존재가, 언제까지나 참고만 살 수는 없다.

풀란은 부모님의 집으로 돌아오게 된다. 남편이 돌려보냈다는 이야기도 있고, 아파서 다 죽어가는 풀란을 부모님이 데려왔다는 이야기도 있지만, 보수적인 시골 마을에서 이는 엄청나게 수치로 여겨졌다는 점을 생각하면 전자였을 확률이 높아 보인다. 풀란과 분란을 벌였던 사촌들은 풀란을 경찰에 신고했다. 혐의는 도둑질이었지만 사실 가문에 먹칠을 한 죗값을 치르게 하자는 생각, 풀란의 기를 꺾어 놓으려는 생각이었을 것이다. 풀란은 며칠 유치장 신세를 지고 풀려 났지만, 시골 마을의 눈총에서도 풀려날 수는 없었다.

풀란의 부모는 풀란의 시부모에게 연락해 풀란을 다시 받아달라고 간청했다. 마땅히 다른 신부를 구할 처지도 못 되었던 시부모는 못 이 기는 척 풀란을 받아들였다. 그러나 남편이 변했을 리 없었다. 풀란은 또 도망쳤다. 이번에는 더 이상 박살 날 것도 없는 평판과, 그 평판에 묶여야 하는 위치에서도 도망쳤다.

그리고 풀란은 도적단에 들어갔다. 납치되었다 눌러앉았는지 스스로 들어갔는지는 불확실하지만, 아무튼 도적단의 일원이 된 것만은 확실하다. 마음만 먹으면 싸움 같은 건 어린아이 시절부터 해온 풀란 이었기에 도적단에 어렵지 않게 자리를 잡았다. 그러나 풀란이라는 인간을 소유의 대상으로 비릿하게 보는 시선에서 벗어나기는 왜 이리 힘든지. 풀란은 도적단 두목에게 강간당했고, 도적단에서의 위치도 위태로워질 수 있는 상황이었다.

다행히 이 이야기에는 조력자가 등장한다. 도적단 2인자였던 비크람 말라는 이참에 두목을 죽이고 두목 자리에 오른다. 애초에 풀란과 같은 카스트 그룹에 속해 있어 동질감을 느끼고 있기도 했고, 동일한 적을 물리치는 과정에서 풀란을 연인으로 삼기까지 했으니 비크람 말라로서는 이보다 더 자리를 공고히 하는 방법도 없는 셈이었다. 이들은 곧 의기투합했고, 도적단에 쓸 표현으로는 조금 이상하지만, 아무튼 그들은 승승장구해 나갔다. 특히나 여행 중인 상위 카스트 사람들을 덮쳐 재산을 빼앗고, 일부를 가난한 사람들에게 나누어 주었기 때문에 인근의 가난한 하위 카스트 사람들에게서 의적 취급을 받았다.

도적단은 풀란의 전 남편이 사는 마을에도 찾아갔다. 풀란은 전 남편을 직접 찔렀고, "다 늙은 남자들이 어린 여자랑 결혼하려고 들지 말라"는 엄포를 써 붙인 다음 유유히 마을을 떠났다고 한다. 의적 취급을 넘어서, 풀란을 마치 힌두교에서 전쟁의 여신으로 여기는 두르가 취급을 하는 사람들도 늘어났다.

승승장구는 계속될 것만 같았다. 비크람 말라가 죽인 전 두목과 같은 카스트 사람들이 찾아와 풀란의 도적단을 완전히 헤집어 놓을 때까지는. 전 두목은 비크람 말라와 풀란보다 카스트가 조금 높았기에,

카스트 하극상을 저지른 점과 그리고도 잘 먹고 잘 사는 점을 고깝게 여긴 것이다. 어느새 도적단은 카스트 대 카스트의 분위기가 되어 있었다. 접전 끝에 비크람 말라는 죽었고 풀란은 납치당했다. 몇 주간 갇혀있던 풀란은 비크람 말라와 카스트가 같은 몇 명의 도움을 받아 겨우 도망쳤다. 그리고 새로운 도적단을 만들었다.

이전의 도적단 생활은 풀란 개인사에 대한 복수와 생계 수단 쪽에 더 가까웠다면, 이제부터의 도적단 생활은 주변을 착취하던 상위 카스트를 향한 복수전, 강간당한 여성들이 가해자에게 하는 복수전의 성격을 더 많이 보여주기 시작했다.

1981년 2월 14일, 누군가에게는 초콜릿을 선물하는 날이지만 풀란에게는 복수를 전하는 날이었다. 자신을 강간한 이들의 마을, 몇 주 동안 갇혀 있던 곳, 다시 쳐다보기도 싫었을 그 공간으로 돌아갔다. 풀란은 해당 카스트 소속 남자들을 끌어모아 죽였다. 20여 명을 살해한 건 분명 범죄지만, 지역 주민들은 이 범죄를 두 손 들어 환영했다. 풀란을 의적으로 높이는 소리는 더욱 높아졌다.

세간을 두루 들썩거리게 만든 범죄였지만 풀란은 쉽게 검거되지 않았다. 경찰은 풀란의 어머니를 가둬 두는 불법 구금을 행하면서까지 풀란의 검거를 기다렸다. 그러는 동안 점차 도적단 세력도 약해졌고 풀란의 건강도 많이 상했다.

이때 그는 놀라운 강수를 둔다. 자수를 한 것이다. 그것도 조건을 내건 자수였다. 자기네 동네 경찰은 못 믿겠으니 옆 동네 경찰서에 자수를 하겠다고 관할 서까지 직접 골랐다. 도적단 전원에게 사형 혹은 8년형 이상은 선고하지 말 것, 땅을 줄 것, 자수하러 가는 장면을 자기 가족이 보게 할 것. 무능한 경찰로 찍히기보다는 거래라도 하는 게 나았기에 정부는 이에 응했다. 자수하는 순간까지도 풀란은 "밴디트 퀸" 이었다.

물론 그간의 행적이 워낙 화려해 감옥 생활을 피할 수는 없었다. 이 정도만 해도 이미 영화보다 더 영화 같은데, 출소 2년 후 풀란은 또 한 번 놀라운 변신을 했다. 하원 의원 선거에 출마한 것이다. 하층 민들의 지지를 워낙 많이 받던 풀란이었으므로 어렵지 않게 당선되었다. 풀란이라는 이름은 이제 범죄자가 아니라 정치인, 사회운동가 의 이름이 되었다. 무기를 내려놓고 대신 권력을 잡아들었지만, 여전히 풀란은 자기에게 잔인하게 꽂혀 들던 사회적인 칼날과 싸우고 있었다.

재선에도 성공하고, 이제 정말 인생이 안정적인 세계로 들어선 것처럼 보였다. 그러나 2001년 어느 날 풀란 데비는 복면 괴한들의 총에 맞아 피살당했다. 용의자는 풀란 손에 죽은 상위 카스트 계급의 복수를 한 거라고 증언했다. 그럴 가능성이 농후하지만, 음모론도 만만찮았다. 소속 당에서 풀란의 지지도가 너무 높아 죽인 거라든지 하는 이야기를 사람들은 계속해서 수군거렸다. 풀란은 마지막까지도 연출보다 더 극적인 모습만을 남기고 떠났다.

* * *

풀란 데비는 분명 범죄자였다. 기소된 범죄만 수십 건에 달했고, 감옥에서 11년을 보내야 했다. 풀란의 손에 피해를 당한 사람도 무수히 많을 것이다. 그러나 풀란이 단순한 범죄자라면 왜 그의 복수극에서 카타르시스가 느껴지는 걸까? 왜 빈궁한 하층 카스트 지역민들이 풀란을 '의적'으로 높였으며, 이 사건이 알려질 만큼 알려진 후에도 표심이 풀란을 향한 걸까?

풀란의 범죄는 결코 풀란의 행위만 놓고 볼 수 없다. 풀란의 가족들이, 전 남편이, 갱단 두목이, 그 상위 카스트 남자들이 풀란에게 저지른 범죄와 유기적으로 묶어 보아야 한다. 더 나아가서는 인도 사회 전체적으로 촘촘하게 짜인 구조가 풀란에게 범죄를 저질렀으며, 죽든지 범죄자가 되든지 둘 중 하나밖에 할 수 없을 때까지 풀란을 몰아세웠다는 사실까지 보아야 한다.

사회 구조 전체가 사람을 짓누르고 있을 때, 그 구조 안에서 유리한 자리를 차지하고 앉은 자들이 그렇지 못한 자들에게 함부로 범죄를 저질러댈 때, 그 역방향으로 저지르는 범죄'만'을 부각하는 것이 과연 옳은가 고민할 필요가 있다. 물론 범죄는 범죄다. 그러나 상대 쪽의 범죄를 보지 않는 누를 범해서는 안 된다. 온건한 방법으로 의사 표현을 할 수는 없었겠냐는 말은 풀란의 환경에서는 어불성설이다. 풀란에게는 온건한 의사 표현 방법이 하나도 주어지지 않았으니까.

풀란이 아주 어릴 때부터, 사법 구조는 풀란 가족의 재산을 보호한 적이 없다. 시골 마을 주민 대표를 매수하고 약간의 위력을 휘두르는 것만으로도, 풀란의 삼촌과 사촌들은 너무나 손쉽게 풀란네 식구들을 괴롭힐 수 있었다. 2018년인 지금까지도 풀란의 어머니는 그 땅을 빼앗기지 않기 위해 싸우고 있다고 인터뷰한 바 있다.

게다가 풀란은 11살이라는 어린 나이에 강제 조혼을 당했다. 교육받고 건강하게 성장해야 할 아동의 권리를 박탈당했다. 나이에 알맞게 성장할 기회는 물론, 청소년기에 미래를 준비할 기회도 박탈하기 때문에 이후로도 이들이 자기 삶에 주체적인 결정을 내리기 어렵게

풀란 데비
Phoolan Devi

만든다. 학대로 점철된 결혼 생활을 받아들일 수도 없었으며, 법적인 테두리 안에서 결혼 생활을 끝낼 수단도 갖지 못했던 풀란으로서는 선택지가 없다시피 했다.

더 끔찍한 사실은, 풀란과 비슷한 상황에 부닥치는 아이들이 아직도 많다는 점이다. 2023년에 유니세프 자료를 보면 전 세계 조혼의 1/3이 아직도 인도에서 일어나고 있다. 조혼이 많이 일어나는 국가를 순서대로 나열했을 때, 2위에서 11위까지 10개 국가에서 일어나는 조혼의 수를 모두 합쳐야 인도에서 일어나는 조혼의 수와 엇비슷한 수준이다. 2023년에도 그러하다면, 풀란이 살던 시절 조혼은 문제도 되지 않았을 것이다. 아동의 권리 박탈, 아동의 인격을 무시하는 행위로 보았을 리가 없다. 그냥 여자아이라서 응당 견뎌야 할 무엇으로 취급되었을 테고, 그 상황에서 아무도 풀란의 말을 들어주지 않았을 것이다.

풀란은 자신을 짓누르는 환경과 끝까지 싸웠다. 카스트가 낮은 사람을, 가난한 사람을, 여성을 더 낮은 존재로 여기고 심지어 물건처럼 대하기까지 하는 사고방식과 싸웠다. 싸울 수 없었던 사람들은 풀란의 이름을 연호하는 것으로 싸움을 대신했다.

* * *

대등해야 할 이들이 대등하지 못한 자리에 사는 세상이다. 비록 폭력을 피부로 깨달을 수밖에 없었던 상황은 안타깝지만, 아무튼 풀란은 그 불공평한 구조를 영리하게 파악했고 거기에 끝까지 맞섰다. 처음에는 자신이 아는 유일한 방식으로 싸웠고, 살면서 다른 방법을 안후에는 그 방법으로 옮겨 싸움을 계속했다.

이런 풀란의 이름이 우리에게 던지는 바가 없다고 한다면 그는 미련하게 눈을 감고 있는 자이거나, 이 기울어진 구조에서 뭔가를 불의하게 집어먹으려는 심리를 슬쩍 감추려 부러 더 길길이 뛰고 있는 자이거나, 둘 중 하나일 것이다.

풀란 데비
Phoolan Devi

알렉산드라 레이즈먼
Alexandra Raisman

우리는 물러나지 않을 것이다

　　알렉산드라 레이즈먼이라는 이름을 검색해 본다. 리우 올림픽에서만 메달 세 개를 거머쥔 훌륭한 체조선수지만, 제일 먼저 뜨는 내용만 보아서는 그런 것들을 바로 알기 어렵다. "나체로 체조", "몸매", "화끈화끈", "섹시", "시스루 드레스" "미녀", "노출 사진", "알몸 영상 공개" 등의 단어로 구성된 기사 제목이 제일 먼저 줄줄 뜬다. 한글의 수치다. 모아 놓고 보려니 좋은 말이 나올 수가 없다.

　　그나마 "미녀 체조 선수"가 왜 벗었는지 알려주는 제목은 하나뿐이다. "미국 전 체조선수 몸에 '생존자' 쓰고 누드 사진 촬영"(2018년 2월 15일, BBC). 왜 이 선수가 생존자인지 알려주는 기사도 보인다. "美 여자

체조 대표팀 상습 성폭행 주치의… '징역 175년'"(2018년 1월 25일, MSN).

***

성폭력 가해자 래리 나사르는 미국 여자 체조 대표팀 주치의였다.
29년간 체조 대표팀 선수 150여 명을 상습 성추행·성폭행한 것으로
드러나, 징역 최장인 175년 선고를 받았다. (거기다가 아동 성 착취 영상 관련
죄목으로 징역 60년을 선고 받기도 했다.) 연방법과 주법을 각각 위반해, 합치면
최대 300년에 달하는 징역을 살아야 한다. 살아 생전에 햇빛 볼 생각
은 하지 말라는 엄포인 셈이다.

이 결론에 이르기까지, 재판은 아주 오래 이어졌다. 보통 성범죄
하면 어둡고 은밀한 구석에서 벌어질 것 같지만, 그의 범죄는 진료실
한복판에서 이루어졌다. 오랜 시간 대표팀의 의료진이었으므로 중계
방송에도 그의 얼굴이 여러 차례 나왔고, 지역 내 유명 인사였으며,
심지어 스스로 치료 영상을 찍어 올리기도 했다. 그는 백주에 서 있는
사람이었다.

이전에도 코치를 통해 피해 증언이 있었지만, 전미 체조 협회는 아
예 코치의 성범죄를 감추는 쪽으로 지침을 잡고 있었다. 경찰에 신고

하는 대신 협회장에게 보고하도록 되어 있었으며, 협회장은 즉각 신고해야 할 법적 의무가 있었음에도 사건을 서랍 속 파일철로만 보관하고, 아동과 부모가 입을 다물게 만들었다. 아이는 부모와 분리되어 있었고, 협회에서 해당 건을 잘 처리하고 있다 하니 부모로서는 믿을 수밖에 없었다. 전미 체조 협회, 미국 올림픽/패럴림픽 위원회. 믿지 않을 이유가 없는 공신력 있는 기관이었으므로.

언론에 래리 나사르가 실렸어도, 여전히 피해자를 비방하고 래리 나사르를 지지하는 목소리가 있었다. 그럼에도 피해자들의 증언은 이어졌다. 래리 나사르는 대표팀 주치의 자리에서 물러났지만, 학교 이사회 투표를 진행하고 있었다. 아동 성범죄를 저질렀다고 언론에서 대서특필하고 있는데, 동시에 여전히 그를 학교 이사로 뽑는 표가 나오고 있었다. 나사르 본인은 빠져나갈 구멍을 계속 찾았다. 기사를 내지 말라고 동정도 구해 보고, 아이들이 왜 그때 당시엔 말하지 않은 거냐며 이해할 수 없다는 식으로 반응하기도 하고, 복잡한 의료 용어로 듣는 사람 정신을 홀으려는 시도도 했다.

그러나 가택 수색 과정에서 그가 모아 갖고 있던 아동 성 착취 자료가 발견되었다. 도저히 무혐의로 빠져나갈 수 없음을 알았을 때, 그는 이제 무혐의를 포기하고 적당한 선에서만 처벌을 받을 방법을 찾는다. 혐의를 인정하기는 하지만 반성하고 있다는 등 피해자 증언을 들으며 자신도 충격을 받았다는 등 구구절절 편지를 썼고, 사법 거래를 시도했다. 사법 거래를 위해 피해자들이 증언대에 서는 일에 합의해야 했는데, 아마 그 자리가 피해자들이 생존자로 굳게 서서 자신에게 한 방 먹이는 자리가 될 줄 몰랐을 것이다. 도망가려고 판 구멍마다 오히려 그의 무덤 자리가 되었다.

판사는 악어의 눈물을 흘리는 가해자에게 단호하게 한 방을 먹였다. 반성 운운하는 편지를 코 푼 휴지처럼 가볍게 던지고, "당신이 여전히 위험한 존재라는 걸 나는 안다"는 말을 남기며 선고를 마쳤다. 이때 재판장에서 피해자들이 증언하면서 남긴 말들은 여러 차례 인용되면서 유명해졌다. 하나하나가 마음을 울린다.

이들은 우선 스스로가 겪은 일을 정확하게 고발했다.

> "당신의 친절함은 기회가 있을 때마다 나를 성추행하기 위한 계략일 뿐이었다. 내가 얼마나 당신을 증오하는지 말로 표현할 수조차 없다."
>
> (매티 라슨Mattie Larson)

"그들은 존경받는 의사가 그런 일을 할 수 있다는 걸 이해하지 못했다. 나는 14살짜리가 어떻게 그런 이야기를 지어낼 수 있는지 이해하지 못하겠다."

(케이티 라스무센Katie Rasmussen)

"나는 그가 나를 학대하고 있다는 걸 알았다. 신고도 했다. 그러나 미시간 주립 대학교는 뻔뻔하게도 내가 성폭력과 의료 조치의 차이점을 이해하지 못한다고 말했다."

(아만다 토마쇼Amanda Thomashow)

"엘리트 체조의 문화에는 문제가 있다. 순종, 상상하기 힘들 정도의 고통과 말없이 겪는 고통. 래리 나사르는 이를 능수능란하게 조종해서 피해자들을 학대하고 통제했다. 한 번도 아니고, 피해자들이 스포츠계에 몸 담은 기간 내내 체계적으로 저질렀다."

(첼시 윌리엄스Chelsea Williams)

"소녀들이 나서서 성인에게 이야기하면 성인들은 듣지 않는다. 왜 듣지 않는가? 성인들이 듣지 않고 행동하지 않으면, 뭐하러

알렉산드라 레이즈먼
Alexandra Raisman

어린이들에게 성인에게 말하라고 가르치는가?"

(클라시나 시로비Clasina Syrovy)

범죄의 피해자가 되어 괴로웠던 마음, 아무 것도 몰랐던 시절의 마음과 지금의 마음을 숨기지 않고 드러냈다.

"나는 체조계의 내 우상들과 같은 의사를 만나게 되어 정말 행운이라고 생각했었다."

(매디 존슨Maddie Johnson)

"당신이 내 팀 동료들에게 상처를 주었다는 걸 알았을 때 가장 마음이 아팠다. 나는 그들을 내 가족으로 생각했다."

(첼시 제파스Chelsea Zerfas)

"나는 이 일이 있기 전까지는 근심 걱정이 없는 철없는 어린 소녀였다. 그 이후에 구름이 나타나 내 인생의 모든 인간관계, 특히 가장 중요한 인간관계들 속으로 따라다녔다."

(린지 카Lyndsy Carr)

"첼시는 고통을 더 이상 견디지 못해 2009년에 스스로 목숨을 끊었다. 3월이면 내가 내 아이를 잃은 지 10년이 된다. 첼시는 23세였다. (...) 나는 매일 아이가 그립다. 매일. 그리고 모든 게 나사르로부터 시작되었다."

(도나 마크햄Donna Markham, 첼시 마크햄의 어머니)

"당신은 우리를 학대해 놓고 기억조차 하지 못한다. 역겹다."

(린지 렘키Lindsey Lemke)

"죄책감을 느낀다. 나는 16살이었고, 이 괴물이 다른 소녀들을 해치는 걸 막았어야 했다. 그가 내게 한 일이 잘못이라는 걸 알았기 때문이다."

(크리스타 웨이크먼Krista Wakeman)

"내가 이 사실을 밝혔을 때, 내가 당한 성폭력이 나에 대한 무기로 사용되었다."

(레이첼 덴홀랜더Rachel Denhollander)

레이첼 덴홀랜더는 처음으로 신상을 밝히고 이 일을 폭로한 사람이다. 총명과 용기가 빛나는 눈에 눈물이 함께 빛나고 있었지만, 그는 끝까지 자기 할 말을 다했다. 익명을 요구한 다른 선수들 중에서도, 워낙 좁은 업계다 보니 개인이 특정되었다. 이들은 갖은 비방, 인신공격, 부적절한 방법으로 사생활을 캐묻는 사람들의 말에 시달렸다.

피해자들은 계속해서 증언대에 섰다. 이들은 자신이 피해자가 아니라 생존자임을 분명히 했다. 그 모든 일에도 불구하고 자신이 스러지지 않을 것을 다짐하며 굳게 맞섰다.

> "내 인생을 영영 바꿔 놓은 보이지 않는 상처들이 있다. 오늘 나는 그것을 뒤바꾸려 한다. 당신이 훔쳐간 내 자신감과 자존감을 나는 되찾고 있다. 당신은 내 핵심을 무너뜨리지 못할 것이며 더 이상 날 지배하지 못한다."
>
> (제니퍼 헤이스Jennifer Hayes)
>
>
> "당신이 너무나 오랫동안 무자비하게 학대했던 여성들이 이제 큰 세력이 되었고 당신은 아무것도 아니라는 걸 이제 깨닫고 있을 것이다. 상황이 바뀌었다. 우리는 이제 여기까지 왔다. 우리

는 물러서지 않을 것이다."

(알렉산드라 레이즈먼Alexandra Raisman)

"어린 여자아이들은 영원히 어리지 않다. 강력한 여성으로 변해 당신의 세계를 박살 내러 돌아온다."

(카일 스티븐스Kyle Stephens)

"당신이 너무나 쉽게 이용했던 어린 여자아이들이 이제 돌아왔다. 당신 인생의 모든 날을 괴롭힐 것이다."

(제닛 앤톨린Jeanette Antolin)

"나는 내 통제 밖에서 일어난 일에 대해 더 이상 수치를 느끼지 않는다."

(메건 긴터Megan Ginter)

"나는 역경을 극복할 준비가 되어 있다. 당신은 나를 쓰러뜨릴 수 없다."

(한나 모로우Hannah Morrow)

알렉산드라 레이즈먼
Alexandra Raisman

> "나는 나보다 먼저 나서서 말한 모든 여성, 나 이후에 말할 모든
> 여성과 함께 하고 싶다. '당신은 혼자가 아니다'라는 말만이라도
> 하고 싶다."
>
> (제니퍼 루드-베드포드Jennifer Rood-Bedford)

이들은 눈물을 흘리고 닦으며, 서로를 끌어안고 손을 맞잡으며 증언을 마쳤다. 오랜 시간 고통 속에서 닦아낸 말에는 힘이 있었다. 가해자 래리 나사르는 끝까지 자기의 안위 챙기기에 급급했지만, 온 마음으로 버티고 생존해 온 이들에게는 서로를 돌아볼 힘이 있었다. 고통 속에 연대한 이들만이 가질 수 있는 강인함이었다. 탁월함, 우정, 존중. 올림픽 정신은 뜻밖에 법정에서 구현되었다.

아무리 급박한 삶의 현장에서 내몰리고 있어도, 그래서 도무지 여유라는 게 없어 보이는 상황 속에 있어도... 고통을 이겨내며 항체를 길러낸 인간만이 풍기는 기운이라는 게 있다. 그 기운은 스스로를 방어할 뿐 아니라 서로를 지킨다. 같은 고통 안에 있던 인간을 끌어안고, 아픔을 함께 느끼는 힘이다. 이들은 법정에서 그러한 모습을 보여주었다.

래리 나사르의 피해자는 수백 명에 달하는 것으로 밝혀졌으며, 이

중에는 올림픽 선수로 잘 알려진 이름도 들어 있다. 2016 리우 올림픽 기계체조 4관왕이었던 시몬 바일스도 스스로가 나사르의 피해자임을 밝혔다. "더 이상 내가 당한 이야기를 고백하는 것을 두려워하지 않겠다"는 말도 함께였다. 폭로는 계속되었다. 서로에게 힘을 더해주는 움직임도 계속되었다.

"미녀 체조 선수" 알렉산드라 레이즈먼이 몰랐을까. 사진을 공개하는 순간 "화끈화끈"한 "알몸"의 "환상적 몸매" 따위 소리를 숱하게 듣게 될 것을. 몰랐을 리 없다. 알았겠지만 그럼에도 사진을 공개한 것 또한 같은 이유다. 알렉산드라 레이즈먼은 이 일을 두 번째로 공론화한 사람이었고, 방송에 출연하거나 책을 쓸 때도 꾸준히 이 일을 언급해 왔다. 알렉산드라 레이즈먼은 몸 측면에 글씨를 적은 채 사진을 찍었다. 저서 제목이기도 한 "맹렬한fierce"이라는 단어와 함께 "여성이 존중받기 위해 다소곳해질 필요는 없다Women do not need to be modest to be respected"는 문장을 길게 적어 내렸다. "맹렬한", 이 단어는 2012년 런던 하계 올림픽 여성 체조 단체 팀 이름이었던 'Fierce 5'에서 따온 것이기도 했다. 더 새롭고 깊은 의미로 맹렬하게, 알렉산드라 레이즈먼은 금메달 이상의 올림픽 정신을 보여주었다. 이 사진을 SNS에 올리면서 알렉산드라는 본인이 전하고 싶은 메시지를 표현했다.

알렉산드라 레이즈먼
Alexandra Raisman

"상황이 바뀌었다. 우리는 여기까지 왔다. 우리는 물러서지 않을 것이다."라고 공판장에서 외친 그의 목소리는 유효하다. 이 일에 영향을 받은 사람이 앞으로 수도 없이 나올 거라던 어떤 선수의 말은 옳았다. 제2, 제3의 래리 나사르가 나오지 않도록 눈에 불을 켜고 지킬 이들이 늘어났으며, 혹여나 그런 자가 나왔다가는 "맹렬한" 생존자들에게 둘러싸여 평생 저주받을 것이다.

***

래리 나사르는 복역 중이지만, 생존자들은 멈추지 않았다. 책임을 다하지 않고, 아동을 보호하지 않았음이 분명한 구조가 더 있었다. 전미 체조 협회와 미국 올림픽/패럴림픽 위원회도 그 대상이었다. 알렉산드라 레이즈먼과 시몬 마일스를 비롯한 생존자 90명은 FBI를 상대로도 이 사건의 책임을 묻는 소송을 냈다. 여기에는 체조 선수 외에도, 나사르의 진료를 받은 일반 환자로 피해를 당했던 사람들도 참여했다.

전미 체조 협회와 미국 올림픽/패럴림픽 협회는 자기들의 협회를 지키기에 너무 급급했던 나머지, 광고 수익에 혈안이 되었던 나머지,

자기들이 무엇을 위한 협회인지를 망각하고 말았다. 루마니아 차우셰스쿠 정권 하에서 일했던 대표팀 코치 부부 또한 금메달만 바라보고 질주하느라 아동이 부상을 당했든지, 건강한지 전혀 돌아보지 않았다. 오히려 아동 학대에 가까운 행위들이 '엄격한 코칭'이라는 말에 가려졌다. 이러한 상황에서 자기의 신체적 고통마저 부정당하고 아무도 자기 말을 들어주지 않는 상황에 놓여 있던 아이들이, 이제는 자라서 목소리를 내고 있다.

이들의 목소리가 수면 위로 처음 올라왔을 때만 해도 사건은 래리 나사르라는 한 개인에 대한 폭로에 가까웠다. 그러나 지나면 지날수록 이건 구조의 문제라는 사실이 밝혀졌다. FBI의 이름까지 나올 줄은 몰랐겠으나, FBI는 수사 초기 피해자 진술을 듣고도 진술서를 작성하지 않았으며, 조사부터 기소까지 1년 넘는 시간 동안 사실상 손을 놓고 있어 피해자가 늘어나도록 방조했다. 심지어 당시 사건을 맡았던 수사관은 미국 올림픽조직위원회 이직을 논의하고 있었다. 바로 이런 이해 관계가 수사를 방해했을 것이다.

이들은 아마 사건이 이토록 커질 줄 몰랐을 것이다. 여느 때처럼 협회장의 서류철에서 끝날 문제라고 생각했을 것이다. 그러므로 래리 나사르에게 문제가 있다는 걸 알아도, 다른 코치들의 성범죄가 더 들려와도, 따로 조치를 취하지 않고 무마하는 방향으로 통제할 수 있을 거라 생각했을 것이다. 일이 커지자 이름이 지목된 수사관들은 부랴부랴 은퇴와 해고로 자리를 피했고, 미국 법무부는 FBI의 부실 대응을 인정하면서도 FBI 요원들을 기소하지는 않았다. 그래서 시몬 바일스를 비롯한 피해자들이 소송을 건 것이다. 긴 싸움이 될 수밖에 없을 것이다.

성범죄는 정말 끔찍한 범죄다. 상대의 인격을 무시한 성적 접촉이나 희롱, 즉 그 사건 자체도 끔찍하지만, 해당 사건 전후로 사건을 정당화하기 위해 사람을 갉아먹는 불의가 계속 이어진다는 점도 끔찍하다. 정당한 기회를 박탈하거나, 피해자의 입을 막거나, 피해자를 탓하거나, 조사를 제대로 하지 않거나… 단독으로 혹은 다른 사건과 결합되어 일어났다면 괘씸죄로 오히려 문제가 커졌을 이런 일들이, 성범죄에서는 유독 겹겹이 쌓여 많이 일어난다.

그래서 대부분의 성범죄 사건은 단독으로만 존재할 수 없다. 그 사건을 다루는 세상의 태도가, 사건을 단독으로 존재할 수 없게 만든다. 2차 가해, 사건을 방관하거나 방조한 조직의 존재, 사건에 쏟아지는 관심의 방향성, 한심한 인터넷 댓글까지 보고 있노라면 모든 성범죄 사건은 거대한 구조에 맞서는 문제임을 느끼게 된다.

그 문제를 느끼고 무력해졌던 아이들은 이제 구조를 부수러 왔다. 아이들은 영원히 어리지 않아서, 무력했던 아이들은 이제 다 자라서 성범죄자의 세계를 박살냈다. 애초에 용기를 내기 쉽지 않았음에도 끝내 증언대에 선 것은 더 이상의 피해자가 늘어나서는 안된다는 감각, 그리고 이제는 생존자로 자라나 싸울 태세가 되었다는 감각이 있었기 때문이었다. 쉽지 않았지만, 이들의 연대는 이제 앞으로 갈 일만 남았다. "우리는 물러서지 않을 것이다"는 말은 전혀 다른 배경에 사는 우리에게도 강한 울림을 남긴다.

* * *

"맹렬한" 사진을 촬영하기 전에도 알렉산드라 레이즈먼의 존재가 우리나라 인터넷에서 아주 잠깐 화제가 되었던 적이 있다. 대회에 나간 딸 모습을 차마 지켜보지도 외면하지도 못하는 부모님의 모습이 카메라에 잡혀, 그 사랑스러운 모습이 여기저기 올라온 것이다.

누군가가 감히 도구적으로 대했지만, 알렉산드라는 매우 사랑받는 소중한 사람이다. 알렉산드라뿐 아니라 공판장에 온 이들과 오지 못한 이들 모두가 그랬다. 가족과 친구의 사랑을 받고 매일 일상을 사

알렉산드라 레이즈먼
Alexandra Raisman

는 사람들이었다. 게다가 이들은 스스로를 사랑하는 법을 잊지 않은, 훌륭한 사람들이기도 했다. 알렉산드라는 자신의 체조 동작만큼이나 그 정신도 유연하고 강하다는 걸 보여주었다.

슬프게도 알렉산드라 레이즈먼과 다른 사람들을 스친 일들은 우리에게도 낯선 이야기가 아니다. 스포츠계에서도 불미스러운 소식이 여러 차례 들려온 바 있지만, 사실 업계와 분야를 가르지 않고 우리 매일 보는 뉴스에 각종 사건이 오르내린다. 게다가 사건이 처리되는 과정에서도 참담함을 느낄 때가 많다. 사법부의 양형 기준과 국민의 감정이 일치하지 않을 때가 많지만, 그럴 때조차 댓글에는 '판사 딸이 당하라고 해라'는 악담이 무수한 공감을 받고 있다. 판사는 당연히 남성이고 강간의 피해자는 반드시 여성이라는 관념도 관념이지만, 명분이 주어진다면 누군가는 강간당해도 된다는 걸까? 가해자를 비판할 때조차 피해자의 관념을 만드는 이유가 뭘까?

결국 성범죄자 개인의 문제가 아니라 구조의 문제, 시각의 문제이다. 공중보건기구WHO 자료를 보면, 전 세계 여성 3명 중 1명은 일생에 신체적 혹은 성적 폭력을 경험한다는데, 여성을 성적 자기 결정권의 주체로 보기보다 성적 사건의 객체로 보는 시선이 계속 존재하는 한 이 숫자는 쉽게 줄어들지 않을 것이다.

그럼에도 목소리를 내는 사람이 존재한다는 사실을 우리는 기억해야 한다. 모든 익명성을 뚫고 나와 자신을 외치는 그 강력한 여성을, 그리고 그와 같은 움직임을 보인 파도 같은 여성들을 우리는 용기라고 불러도 좋을 것 같다. 이 용기는 세상을 덮는다.

*증언 번역문은 허핑턴포스트의 기사를 인용하였습니다.

출처: https://www.huffingtonpost.kr/entry/story_kr_19029132

알렉산드라 레이즈먼
Alexandra Raisman

김복동

평화로 가는 문이 열렸으니

2015년 12월 28일. 내가 '불가역적'이라는 단어를 처음 들은 날이다. 아니 들었다기보다 그 말이 도장처럼 쿵 찍혔다. 유독 회색이었고 이상하게 추웠던 그 겨울, 수은주가 낮아진 데는 대뜸 발표된 그 합의문 탓도 있을 것만 같다. 아무리 읽어봐도 '이 돈 줄 테니 소녀상 철거하고, 다시는 말 꺼내지 말라'고 읽히는 이상한 글이었다. 무거운 한숨이 나오고, 가끔은 눈물까지 나왔다. 솔직히 이제 망했다고 생각했다. 단어 하나로 첨예한 싸움을 하는 외교 판에서, 저렇게 당당하게 '불가역적'이라는 말을 사용하고 나면, 앞으로 우리가 일본군 '위안부' 피해자 이야기를 테이블에 올릴 수 있을까.

당연히 분위기는 험악하고도 참담했다. 뭐라도 하는 꼴을 보여야 겠던지, 외교부 차관이라는 사람이 당사자들을 만나러 갔다. 영화 〈아이 캔 스피크〉의 모티프가 된 인물이자, 머지않은 미래에 트럼프 대통령을 와락 끌어안은 일로 화제가 될 이용수 선생님은 외교부 차 관이 입을 떼기도 전에 버럭 소리를 쳤다. 우리가 만만하냐, 우리를 뭘로 보는 거냐.

그리고 그 뒤에, 가만히 소파에 앉아 있다가 최종 보스처럼 입을 연 사람이 있었다. 낮은 목소리로 힘 있게 조목조목 말하던 사람.

김복동 선생님이 있었다.

먼발치서 이 싸움은 다 끝났다고 고개를 젓던 나와 달리, 당사자인 그는 날로 졸렬해지는 싸움 판을 끝까지 지키고 있었다.

* * *

그는 1926년, "꽃 피고 잎 피는 춘 사월"에 태어났다고 한다. 김복 동이 태어난 1926년, 같은 해에 태어난 모든 것은 새파란 봄의 생명 력을 가졌다고 해도 과언이 아니다. 1925년 일제는 모든 것을 죽이는 법을 시행했으므로, 그 틈을 뚫고 태어난 모든 것들의 생명력은 남다르다.

1925년 일본은 모든 독립운동 처벌에 돌려 막아 쓸 수 있는 '치안유지법'을 제정한다. 1조에서부터 "국체를 변혁하고 또한 사유재산 제도를 부인하는 것을 목적으로 하여 결사를 조직하건 또는 그 정을 알고서 이에 가입한 자"를 처벌하는 내용으로 시작하는 법이다.

아이러니하게도 이 법은 1923년 관동 대지진 이후 벌어진 혼란을 막는 긴급 칙령을 전신으로 한다. 관동 대지진 당시 조선인이 우물에 독을 풀었다거나 하는 루머에 맞서, 일본인들은 죽창을 들고 주변을 돌아다니며 한국인에게 익숙하지 않은 일본어 발음을 바로미터 삼아 사람을 죽였는데, 그 "혼란"을 해결한답시고 나온 칙령은 또다시 조선인을 잡는 법령으로 자라났다.

치안유지법은 1조만 보면 얼핏 공산주의 조직이나 심각한 쿠데타 정도에만 해당할 것처럼 보인다. 실제로 러시아 혁명 이후 부쩍 늘어났던 공산주의 운동을 억압하고자 하는 목적도 있었지만, "국체를 변혁"이라는 말에는 현재 상태에 변동을 주고자 하는 모든 조직이 들어가므로 독립운동 조직도 모두 포함되었다. 일본 국내뿐 아니라 조선, 대만, 사할린 등지에서까지 시행되면서, 독립운동 탄압의 도구로 쓰였다. 일본보다 조선에서 더 엄중하게 조문을 해석했고, 벌의 강도도

김복동

더 높았다. 국내 독립운동은 사실상 불가능에 가까운 상황이었다.

그 어둠 속에서도 태어난 것들이 있다. 1926년 한용운은 〈님의 침묵〉을 썼고, 나운규의 영화 〈아리랑〉이 개봉했으며, 한글날이 만들어졌다. 6월에 순조 인산일을 계기로 6.10 만세 운동이 일어난 해이기도 하다. 바로 그 해 김복동이 태어난 것이다.

주변에서는 "밤에 태어난 범띠라 활동성이 얼마나 좋겠어." 하고 농을 던지는데, 진실에 가까운 농담이다. 밤중의 호랑이처럼 김복동도 정확한 시야를 갖고 있으며, 문제에 조준을 잘 하면서도 동시에 놀라울 만큼 활동 반경이 넓다. 피해자이자 생존자에서 증언자로, 증언자에서 인권 운동가로 속속 모습을 바꾸어 왔듯.

개인사를 구메구메 풀자면 아쉬운 순간이 왜 없을까. 사지로 끌려가 생지옥을 겪다 돌아왔고, 돌아오는 길도 돌아와서도 쉽지 않았다. 늘 열심히 일했고 주변을 돌봤지만 미안하고 쓸쓸한 마음이 고여 있었다. 그렇게 하루하루 보내다가 60대, 어리다고는 할 수 없는 나이에 그는 첫 증언을 한다. 심지어 나이 여든에 그때까지의 삶을 척척 접어두고 고향을 떠나 서울로 향한다. 그가 멈추지 않고 걸어온 고발의 역사는 어느새 평화로 가는 길이 되어 있다.

쉬운 길은 아니었다. 그는 제국주의가 가진 가장 잔혹한 민낯을 날마다 보아야 했다. "일본이 해결해 주겠냐"고, "해결할 거였으면 진작했겠지" 말하는 그는, 예나 지금이나 잘 알고 있다. 아마도 일본은 끝까지 인정하지 않을 거라는 걸. 게다가 피해자들은 하나둘씩 세상을 떠날 것이다. 이렇게 모든 일이 과거가 되길 바라며 숨죽이고 기다리는 이들이 있다.

다 알지만 꿋꿋하게 계속 간다. 이 싸움은 열매를 따 거두는 게 아니라 씨앗을 심는 과정이니까. 그가 나이 여든에 고향을 떠난 이유는, 동생의 말을 빌자면 "다시는 이런 일이 반복되어 우리나라 여성들이 그런 피해를 당하는 일이 없어야 하"기 때문이니까.

〈미생〉에서 "순류를 유지하는 것이 상대의 입장에선 역류가 된다"는 말을 읽었다. 딱 김복동의 길이다. 그는 상대와 달리 인신공격도, 거짓말도, 조롱도 하지 않는다. 할퀴는 말이 아니라 세우는 말을 한다. 소녀상 제막식에서 일본 대사관을 향해 사죄를 요구하는 그의 말은 "평화로 가는 길이 열렸으니 나와서 사과하라!"였다. 그가 요구하는 사죄는 상대를 단죄하기 위함이 아닌, 평화를 이루기 위함이다. 당연히 용서하고 받아줄 준비도 되어 있다. 단지 1,000번이 넘는 수요일이 차곡차곡 쌓여도 상대에겐 용서를 빌 마음이 없을 뿐이다. 그래도 김복동은 다른 사람들과 함께 평화상을 하나씩 세우며 평화를 기다린다. 기억하자는 목소리를 촛불처럼 밝힌다.

김복동은 깊은 물처럼 담담하고 항상 떳떳하다. 거짓말하지 않은 자는 진실의 입을 두려워할 필요가 없다. 반면 진실의 입에 손을 넣기 두려워하는 사람이 있다면 거짓말한 자일 것이다. 마찬가지로 소녀상을 두려워하고, 꼴 보기 싫어하는 자들은 전시 여성을 향한 폭력 앞에 떳떳하지 못한 자들이다. 전쟁을 벌인 자들이거나 아니면 여성과 다른 약자들을 향한 폭력을 그만둘 생각이 없는 자들이거나.

그런 추악한 자들이 동서고금 막론하고 여기저기서 툭툭 나타난다. 몇 년 전에도 소녀상에 침을 뱉고 욕보인 이들이 뉴스에 나왔다. 범죄의 내용도 한심하기 짝이 없지만, 사건 이후의 태도는 더더욱 한심스러웠다. 나눔의집 측에서는 "청년들이 잘못된 역사의식을 갖도록 놔둔 우리 사회의 책임도 있다"면서, 진심으로 사과한다면 고소하지 않겠다고 했다. 나눔의집에서는 할머니들의 뜻을 존중하면서도, 그들이 사과하지 않을 때를 대비해 고소장은 작성해 두었다고 한다. 이런 사람들을 자주 보았기 때문일 것이다.

결국 일이 커지고 고소의 우려가 커지자 그제야 무릎을 꿇고 사과했다. 독립을 위해 무릎 꿇지 않고 싸운 사람들, 국권 피탈과 강점의 피해를 말하고 인권을 위해 있는 힘껏 싸우고 있는 이들을 참 쉽게 비방해 놓고, 자기들은 소신을 위해 무릎 꿇지 않고 싸울 배짱조차 없었다. 이들 혹은 이들을 옹호하는 소수의 말을 들어보면, 역사에 관한 지식이 부족한데 그 와중에 식민사관에 절어 있다.

김복동의 긴 생애 내내 그런 이들을 얼마나 많이 보았을까. 몇 가지 간단한 팩트 선에서 정리가 가능한 식민사관을 뭐 대단한 것처럼 끌어안은 모습을 봐도 너무 한심해서 말이 안 나오는데, 자기가 살아내고 겪어냈던 시대를 생각할 때 김복동은 얼마나 어이가 없었을까. 그럼에도 그는 쉬이 절망하지도 낙관하지도 않고 꼿꼿하다.

언젠가 오사카 시장이 망언을 했을 때 김복동은 오사카 시청까지 달려갔다. 시장 나오라고 엄포를 놓았다. 시장은 당연히 나타나지 않았고, 담당 공무원의 죄송하다는 공염불만 하염없이 들어야 했다. 대쪽 같고 진중한 목소리로 엄포를 놓다가, 기어코 돌아서면서 그는 덤덤하게 말한다. 그 시장이 오늘 나왔으면 나한테 호되게 당했을 건데 안 나와서 산 거라고. 그는 시장이 나오지 않을 거란 걸 처음부터 알았을 것이다. 상대의 반응과 무관하게 자신이 전하고 싶은 메시지를 명확히 전한 것이다. 담배를 후 불며 말하는 그 장면은 마치 느와르 영화 같았다.

김복동의 넓은 배포가 엿보이는 대목은 그뿐이 아니다. 일본 사회에서 차별과 험한 범죄 표적이 되곤 하는 재일 조선학교 학생들을 위해 장학금을 준비하고, 직접 가서 학생들을 격려한다. 아이들을 보자마자 눈물이 왈칵 터지는 이유는, 아마 적대감 한가운데서 사는 느낌을 피부로 알기 때문일 것이다. 힘닿는 데까지 도울 테니 부지런히 공부하라며 웃는 얼굴은, 옛 소설 속에 나오는 왕할머니 모습 같다. 가문의 경외를 한 몸에 받는, 성정이 서릿발 같아도 어린아이들에게는 너그러우신 그런 왕할머니.

심지어 저기 멀리, 우리와 마주칠 일도 없을 만큼 먼 곳에 있는 전시 성폭력 피해 여성들을 위해 그는 또 힘을 냈다. 내가 겪어서 아는 그 고통을 겪고 있을 누군가를 생각하면 마음이 아프다고 한다. 콩고와 우간다의 성폭력 피해 여성들을 위해서도, 베트남전의 민간인 피해자들을 위해서도 그는 목소리를 냈고 주머니를 열었고 힘을 보냈다.

그렇게 사방에 향기처럼 머물다가, 2019년 그는 제비꽃색 옷자락 흩날리며 이 세상을 떠났다. 그러나 그가 끝까지 가고자 한 평화의 길은 아직 다 닦이지 못한 것 같다.

* * *

'불가역적'이라는 도장을 쿵 찍었던 2015년의 협상 타결 이후. 일본은 재단을 설립해 "치유금이지 배상금은 아니"라는 돈을 출연하고, 한국은 '위안부' 기록 유네스코 등재 지원을 중단하였다. 재단 설립 위원회 이사장은 할머니들도 정부 정책에 호의적이라고 발언했고, 김복동은 다 거짓말이라며 단박에 언론 인터뷰를 냈다. "길이 아닌 곳을 자꾸 가려고 한다"며 정부를 비판하는 것도 잊지 않았다. 생각지도 못한 탄핵으로 정권이 바뀐 후 "이 합의로 '위안부' 문제가 해결될 수 없음을 분명히 밝힌다"는 말이 들려왔다. 국가 간의 협상이 이미 타결되었으니 재협상 혹은 무효라는 단어를 공식적으로 언급할 수는 없지만, 그 길을 따라가지는 않겠다는 뜻이었다. 화해치유재단은 공식 해산되었다.

일본은 지금도 잊을 만하면 소녀상 철거를 요구한다. 그들이 원하는 것은 사실 동상 몇 개의 폐기가 아니라 기억의 폐기이다. 그래서 계속 소녀상의 의미를 퇴색시키려 노력한다. 도쿄 한복판에서 소녀상을 조롱하는 퍼포먼스를 하고, 유명인들도 발언을 숨기지 않는다. 〈신세기 에반게리온〉의 작가는 소녀상을 더러 "더럽다"고 한 다음, 한국 팬들의 항의에 "(어차피) 에반게리온 보지 말라고 해도 볼 거 아니냐"는 조롱까지 덧붙였다. 유니클로는 한국에서 한창 일본 불매운동의 타격을 입었을 때, "80년도 더 된 일을 어떻게 기억하니?"라는 말을 담은 광고를 내서 공분을 한 번 더 샀다. 솔직히 그 광고 아니었으면 불매 운동이 그렇게 길게 이어졌을까 싶을 만큼, 하고 싶은 게 마케팅인지 기 싸움인지 묻고 싶은 광고였다.

"오래되어 기억하지 못한다"는 말은 일본이 자주 꺼내 들던 카드다. 그러나 이 거짓말 뒤에는 역설이 있다. 기억의 폐기를 원하는 이들은 사실 당사자보다 더 오래 기억해야 한다는 점이다. 게다가 기억의 싸움은 쉽게 끝나지 않는다. 역사에 발목을 잡힌 것은 과연 어느 쪽일까?

물론 사람은 떠나간다. 2023년에는 대만의 마지막 생존 '위안부' 피해자가 세상을 떠났다. 2000년 일본에서 열린 여성국제전범법정에도 참석했던 사람이었다. 대만의 관련 단체는 할머니들의 죽음으로 일본군 '위안부'의 역사적 진실이 사라지지 않도록 책과 교육을 계속 이어가겠다는 뜻을 밝혔다. 사람은 떠나가도 기억은 쉽게 떠나가지 않을 것이다. 기억의 싸움을 걸어온 이들의 머리 위로, 역사가 망령처럼 저주처럼 따라다닐 것이다.

***

김복동은 이 싸움이 길게 이어지리라는 사실을 잘 알고 있었다. 언젠가 그가 했던 말을 생각하면 더욱 그렇다. 먼저 세상을 뜬 다른 할머니의 영정 사진에 대고 명복을 비는 대신 그곳에서도 우리의 싸움을 도와주라는 전령을 남겼던 걸 생각하면. 한 생애에 끝날 싸움이 아니라는 생각을 하면 가끔 힘이 빠지지만, 이 길 끝에 평화가 있으리라는 그의 말을 생각하면 또 신발 끈을 동여맬 힘이 좀 난다.

평화로 가는 길은 아직 요원하게만 보인다. 그러나 이 길은 서로를 보듬고 일으키고 다독이고 세우며 함께 가는 길이다. 이 길을 먼저 간 그의 곧은 등을 보며 발걸음을 떼 본다. 그 끝에 다시 만날 평화를 기대하며.

Epilogue

하나의 이름 뒤에서

내가 태어난 날 박스오피스에서 1위를 한 영화는 〈양들의 침묵〉이다.

감자칩을 와작와작 먹으며 마우스를 딸깍거리던 고등학생 때 알게 된 사실이다. 우연히 인터넷에서 당신이 태어난 날의 박스오피스 1위 영화를 알려준다는 웹사이트를 보지 않았다면 평생 몰랐겠지만, 뭐 평생 몰랐어도 상관없을 정보이기는 하다. 그렇게 사소하고 재미있고 쓸데없는 정보를 습득하려면 거실 컴퓨터 앞에 진득하니 앉아 있어야만 했던 시절이 있었다. 아직 스마트폰 같은 건 시중에 나오지 않았던, 무선 마우스나 무소음 마우스도 주변에 없던 때.

제일 먼저 든 생각은 '그래도 유명한 영화라서 다행이네'라는, 뭐가 다행이라는 건지 스스로도 모를 생각이었다. 두 번째로 터져 나온 건 헛웃음이었다. 〈양들의 침묵〉을 보기 전이었지만… 프로파일러가 살인자와 대화 나누는 영화 아니었나? 사람 뇌를 먹었다고 했던가? 하필 이런 영화였을까.

어쩌면 내가 태어난 날의 박스오피스 1위 영화가 운명적인 인생 영화가 되어주지는 않을까, 내 인생과 미묘하게 겹쳐지지는 않을까 기대했나 보다. 물론 터무니없는 생각이다. 내 인생은 지금껏 영화와는 별 상관이 없었다. 더더욱 〈양들의 침묵〉과는 상관이 없다. 엘리트와도 살인자와도 상관없이, 평범하게 자랐다.

평범하게 자랐다는 문장은 기실 아무 것도 명확하게 드러내지 않는다는 점에서 얼마나 불성실한 문장인가. 그럼에도 이렇게 쓰는 건, 거시적으로 대충 보면 그랬다는 얘기다. 누군가에게는 특별하다는 말을 듣기도, 또 누군가에게는 실망이라는 말을 듣기도 했지만, 이 또한 일반적인 보통 범주 내에서 이루어졌다. 지극히 평범하고 애매하게.

출신지도 그렇다. 고향이 어디세요, 누군가 물어올 때 대답하는 소도시의 이름은, 지방이라고 할 수 없지만 수도권이라는 말에 담기엔 접근성이 떨어지는 곳이다. 버스로 40분을 가야만 읍내가 나오고, 초등학교는 학년 당 한 반밖에 없는 작은 시골 마을이지만, 지명만 들으면 사람들은 거기가 도시지 무슨 시골이냐고 반문했다.

내가 자란 소도시. 아빠의 고향이었고, 엄마로서는 만삭의 배에 나를 품고 이사 온 후로 떠난 적 없는 곳이었다. 풍성한 바다로 감싸인 곳도, 높은 산지도, 눈에 띄는 분지도 아닌 작은 도시였다. 요컨대 중심을 닮아 편안하지도, 외곽을 닮아 고고하지도 않은 곳.

그렇게 생각했다. 그건 사실 내가 나를 바라보는 시선이었음도 한참 나중에 알게 되었다. 스스로 내린 그 평범하고 애매하다는 평가 속에서, 나는 아마 외로웠던 것 같다. 혼자 책상에 앉아, 나는 삶이 나를 찾아오기를 기다렸다. 여기서의 삶은 스무 살 이후에 펼쳐질 그 무엇이었다. 소도시에서 유년기를 보낸 친구들과는 숱하게 공감했던 감정이다. 스무 살이 되고 대학에 가면 합법적으로 여기를 떠날 수 있겠지. 너른 세상 여기저기를 쏘다니고, 나를 온전히 이해할 수 있는 사람들을 만날 수 있지 않을까. 줄곧 동경하며, 궁금해하며, 그 시절을 보냈다.

그땐 오랜 시간이 지나 다시 이 책상에서 글을 쓰고 있을 거라고는 생각하지 못했다. 성에 찰 만큼 많은 곳을 돌아다녔냐 하면 그건 아니지만, 그럼에도 여기저기 자리를 옮기다 다시 여기 앉은 지금의 나와 그때의 나 사이에는 제법 거리가 생겼다.

이곳에서 이웃들 근황은 거의 또 하나의 피부처럼 나를 감싸고 돈다. 엄마와 아빠가 두런두런 주고받는 대화를 듣다 보면, 다양한 아무개 씨 이름이 나온다. 그 이름들의 근황을 듣고 있노라면, 갑자기 내가 세상 언저리에 놓여 있는 것만 같은 느낌이 든다. 내가 실은 한 편 소설 속 엑스트라였다고 해도 놀라지 않을 것만 같아지는, 그런 기분. 당장 〈새의 선물〉이나 〈원미동 사람들〉을 펼쳤을 때 그 안에 내가 있어도 이상하지 않을 것만 같은 기분 말이다.

새로운 인물을 밀어넣는 걸 상상하기 어려울 만큼 꽉 짜여 있지만, 또 어렵지 않게 비죽 누구라도 끼워 넣을 수 있는 공간, 그게 지역사회였다. 촘촘하지만 탄력 있는 어떤 망으로 짜인 공간이다. 그 망을 우리는 관계라고 부른다. 그 망 안에 속한 한, 온 마을이 나의 공용 공간이었다.

대학에 입학하고 혼자 도시에 도착했을 때, 회색 도시는 내게 작은 방 한 칸만 선심 쓰듯 달랑 내어주었다. 이곳에는 나를 위한 공용 공간이 없었다. 아무 안전망 없는 세상에서 번지점프를 해야 하는 기분이었다. 당시의 나는 그 서먹한 기분을 뭐라고 설명해야 하는지 몰라서, 괜한 것들을 주워섬겼다. 시골 양계장에서 직접 사 오던 계란과 비교할 수 없이 보잘것없던 학교 앞 마트 계란, 너무 당연해 인식도 못하던 새 소리가 사라진 아침, 초록색이 보이지 않는 칙칙한 풍경,

뭐 그런 것들.

  그러나 정말 내 도시 생활이 보잘것없다고, 칙칙하다고 느낀 건 그
때문이 아니었다. 꽉 짜여 있던 어떤 것이 사라진 곳, 나를 잡아주던
무언가가 존재하지 않는 곳에서 이제 내가 그 촘촘한 것을 처음부터
만들어 가야 한다는 것 자체가 퍽 당혹스러웠던 것이다. 그토록 떠나
고 싶었는데, 내가 동경한 것은 온전히 떠나는 게 아니라 사실 여행이
었다. 아주 멀고 긴 길이지만 분명히 돌아올 수 있는, 안전한 공간을
뒤로 하는 여정.

  돌아보면 집을 떠나 지내다 이따금 지친 날 본능적으로 찾아 헤맨
건 언제나 집의 흔적이었다. 도시가 회색으로 느껴져 몸을 웅크리게
되던 이십 대 초반의 밤, 박완서의 〈못 가본 길이 더 아름답다〉를 읽
으며 흙 냄새를 흠뻑 느끼면 그제야 잠이 왔다. 여름 나라에 살던 시
절 한국에서 어렵게 전해 받은 물건 중에는, 눈 쌓인 시골 마을에서

엄마가 꾹꾹 눌러 써 보낸 편지와 함께 고등학교 때 끌어안고 살던 필름 카메라가 있었다. 먼 길 떠날 때마다 〈빨간 머리 앤〉을 들고 비행기에 올랐던 건, 앤을 사랑해서도 있지만, 그 전에 앤을 둘러싼 에이번리 마을의 풍경이 꼭 우리 마을 얘기 같아 익숙하고 편안했다는 이유도 있었다.

떠나는 삶을 동경할 수 있었던 건 돌아올 원점이 있기 때문이란 것을, 나는 한번도 그 원점을 두고 떠난 적이 없다는 사실을 뒤늦게 깨달았다. 내 원점으로부터 멀어지려 애쓰던 모든 순간 나는 달팽이처럼 집을 이고 여행을 다녔던 거였구나. 그걸 뒤늦게 깨닫는다. 대학을 졸업하고 고향에 돌아왔을 때서야.

하기사 고향에 돌아오고 뒤늦게 깨닫는 건 그뿐이 아니다. 십 년 가까운 시간 동안 비웠던 나의 작은 방 작은 책장은 그 시절에 멈춰 있었다. 감기로 손발이 묶여 오랜만에 책을 읽으며 보낸 어느 휴일, 오래

전 독후감 숙제 때문에 그저 줄거리만 대강 파악하고 덮어두었던 〈난 쟁이가 쏘아올린 작은 공〉을 펴본다. 서문부터 마음을 턱 친다. 그때 그 중학생이 대강 읽으면서 이해하지 못했던 글귀가, 전혀 다른 에너지와 결을 품고 오늘의 내게 흘러온다. 이게 이런 책이었구나.

***

말해도 말할 수 없던 것들을 말할 수 있게 되었고, 읽어도 읽히지 않던 것들을 읽을 수 있게 되었다. 이 변화는 어디에서 왔는지? 그 동안 내게 일어난 어떤 일들이 오늘의 나를 만든 건지? 또 나는 어디로 흘러갈지? 그 모든 자리마다 있는 사람은 나였지만 여전히 나는 대답할 말을 모른다. 앞으로도 모를 것이다.

사실 조금은 알고 있다. 어떤 죽음이, 어떤 상실이 나를 여기 앉혀

놓았다는 것을. 도시로, 먼 여름 나라로, 세상의 낯선 곳을 잔뜩 나다니다 집에 돌아와서 앉았을 때, 나는 이미 시골의 관계 망 안에만 머물던 사람과는 다른 사람이 되어 있었다. 눈 마주쳤던 어떤 이들의 죽음이, 원치 않은 선택으로 불안으로 어디론가 끌려간 이들의 빈 자리가, 그 상실의 소식은 이 작은 방까지 나를 따라왔다.

내 방 책상, 그 작은 자리를 새삼스러운 시선으로 바라본다. 〈난쟁이가 쏘아올린 작은 공〉을 읽고 감격하지 않아도 되었던, 그냥 뭉턱뭉턱 읽고 덮어도 되었던 중학생을. 마을 사람들 이야기를 대충 주워듣고 아무렇게나 동네를 뛰어다녀도 안전했던 아이를. 그 아이가 지금껏 무사했다는 사실에, 기력이 쇠한 노인처럼 조용히 안도하게 된다.

그러나 이미 내 세계에는 안전하고 무사하지 못한 이름들이 들어와 있다. 시선을 들어올린다. 주변으로, 바깥으로. 이제 더욱 선명하게 보이는, 내가 아무 노력도 하지 않고 얻었던 것들—평화라는 단어를 모르고 평화롭게 자란 어린 시절, '자연 보호'나 '물 부족' 같은 말을 학교에서 포스터나 표어 그리기 할 때만 떠올려도 되었을 만큼 늘 자연 속에서 풍요로웠던 모든 날들, 빛과 어둠을 물리적 단어로만 이해해도 되었던 그 모든 깜빡거리던 시간 같은 것들—을 당연스럽게 받지 못하고 사는 이름들을 생각한다.

여기가 나의 출발점이다. 어떤 이름들을 바라보며 나의 망을 짜 내려가기 시작했다. 촘촘하고 탄력 있는 어떤 것이 되기엔 아직 한참 모자란 나의 망은 얼기설기 해시태그만한 크기에서 시작했다. 그래서 시작은 아시파였다. #JusticeForAsifa라는 해시태그를 보고 어딘가 쿵 맞은 것만 같던 그 순간 이 글은 시작되었다. 이 글에 있는 이름들과 삶의 한 조각씩 닮아 있던, 친구라고 불렀던 이름들을 생각하며 썼다. 세상이 좀 더 친절했으면 좋겠다고 생각하며 썼다. 아이들에게 또 한때 아이였던 어른들에게.

가급적 21세기 위주로, 멀리 가도 20세기 이상으로 올라가지 않았으면 하는 마음으로 이름을 찾았다. 어떤 이름들의 이야기는 오랜 옛날이나 지금이나 별반 다르지 않아 좀 더 먼 곳에서 끌어왔다. 신문에 싣는다면 국제 면부터 사회 면까지 다양한 데 들어갈 내용들이 섞여 있지만, 다 담지 못한 이야기가 너무 많다.

이름 하나만 내세워서는 기록하지 못하는 이야기가 너무 많기 때문이다. 이런 식으로 이름을 찾아 헤매다 보면 응당 마주치게 되겠거니, 어떻게든 쓰게 되겠거니 생각했던 이야기들에는 놀랍게도 '하나의 이름'이 없었다. 아프가니스탄도, 위구르도, 스레브레니차 집단살해도 그랬다. 너무 많은 이야기들이 이름이 아니라 통계의 거대한 숫자로, 혹은 익명으로만 존재했다. 차마 다 담지 못한 그 이야기들이 아직 이 세상엔 묵직하게, 또 불안하게 고여 있다. 쓰지 못한 이름도 읽히길 바랄 뿐이다.

***

　이름 하나를 붙잡고 사람 한 명을 알게 되면 그만큼 우리 세계는 넓어진다. 하나의 이름에서 시작해서, 세상 곳곳에서 일어나는 놀랍고도 불합리한 일들이 우리 마음에 들어왔으면 했다. 친구라고 불렀던 어떤 이름들이 나를 이 글로 데려온 것처럼. 당장 시리아로 뛰어갈 수는 없지만, 이스라엘 팔레스타인 문제의 해법이 우리 손끝에서 나올 수도 없지만, 세상 모든 성범죄를 우리만의 힘으로 다 차단할 수도 없지만, 적어도 우리 마음에서 무언가가 시작되고 자라난다면 분명히 변하는 곳이 있을 거라 믿는다.

　잎새 하나 피워 올릴 힘, 두어 줄 메모로 끄적거린 생각, 여느 새벽 불현듯 떠올린 고민 하나, 별빛 같은 마음 한 뼘. 내가 이 글을 쓰며 꿈꾼 건 딱 그 정도였다. 한 사람이면 그 정도지만, 여러 사람이라면

잎새가 이어져 덩굴이 되고, 메모가 모여 역사가 되며, 새벽이 지나 아침이 되고, 별빛이 모여 어둠을 환하게 비출 것이다. 낙관적이다 못해 지나치게 나이브해 보이겠지만 진심으로 그렇게 생각한다. 우리는 분주함을 잠시 내려놓고 한 줌이라도 마음을 끄집어내 타인을 생각할 수 있다. 우리가 인간이기 때문이다. 더없이 불안한 세상을 살지만 그런 세상에서 서로를 기억하고 서로에게 기억되는, 그 우리가 바로 이름이기 때문이다.

당신의 세상은 불안하다

초판 1쇄 인쇄 · 2023년 10월 13일
초판 1쇄 발행 · 2023년 10월 20일

지은이 · 선이정
펴낸이 · 천정한
펴낸곳 · 도서출판 정한책방

출판등록 · 2019년 4월 10일 제2019-000036호
주소 · (서울본사) 서울 은평구 은평로3길 34-2
　　　　(충북지사) 충북 괴산군 청천면 청천10길 4
전화 · 070-7724-4005
팩스 · 02-6971-8784
블로그 · http://blog.naver.com/junghanbooks
이메일 · junghanbooks@naver.com

ISBN 979-11-87685-78-4 (03330)

• 본 도서는 카카오임팩트의 출간 지원금을 받아 만들어졌습니다.